国家自然科学基金项目"TMT共享心智模型的形成动因、结构特征及企业绩效机制研究：基于团队生命周期的视角"（72061001）资助成果

团队生命周期视角下
TMT共享心智模型与企业绩效机制研究

熊斌 / 著

华中科技大学出版社
http://press.hust.edu.cn
中国·武汉

内 容 提 要

本书以团队生命周期为视角，围绕 TMT 共享心智模型的形成动因、结构特征及企业绩效影响机制等问题展开一系列相关研究。具体来说，通过识别团队自反性、团队凝聚力、有效沟通、认知冲突等驱动 TMT 共享心智模型形成的关键动态因素来深入分析其对 TMT 共享心智模型形成的影响作用，在此基础上明晰 TMT 共享心智模型结构的生命周期阶段特征，进而阐明 TMT 共享心智模型对企业绩效的影响机制。本书研究结论不仅有助于丰富团队认知行为理论，而且能为企业管理实践中有目的地构建有效的 TMT 共享心智模型，在 TMT 不同生命周期阶段培育符合高绩效企业的 TMT 共享心智模型结构特征，以及通过培育有效的 TMT 共享心智模型并促进 TMT 行为整合来打造高绩效企业等提供新的思路和方法参考。

图书在版编目（CIP）数据

团队生命周期视角下 TMT 共享心智模型与企业绩效机制研究 / 熊斌著. -- 武汉：华中科技大学出版社，2024. 12. -- ISBN 978-7-5772-1536-5

Ⅰ. F272.5

中国国家版本馆 CIP 数据核字第 20243DB055 号

团队生命周期视角下 TMT 共享心智模型与企业绩效机制研究　　　　　　　　　　熊　斌　著

Tuandui Shengming Zhouqi Shijiao Xia TMT Gongxiang
Xinzhi Moxing yu Qiye Jixiao Jizhi Yanjiu

策划编辑：聂亚文

责任编辑：贺翠翠

封面设计：孢　子

责任校对：张汇娟

责任监印：付茜茜

出版发行：华中科技大学出版社（中国·武汉）　　　　电话：（027）81321913

　　　　　武汉市东湖新技术开发区华工科技园　　　　邮编：430223

录　　排：华中科技大学惠友文印中心

印　　刷：武汉邮科印务有限公司

开　　本：710mm×1000mm　1/16

印　　张：10

字　　数：132 千字

版　　次：2024 年 12 月第 1 版第 1 次印刷

定　　价：88.00 元

在全球化、信息化和数字化的背景下，企业经营环境变得日趋复杂、动荡且不确定性因素逐渐增多，仅凭领导者个人的经验、阅历、知识、才能和认知很难引领企业健康、快速地向前发展，而来自企业不同部门的管理精英组成的高层管理团队（top management team，TMT）的决策方式受到企业界广泛的关注，学界也围绕 TMT 做了大量的研究。

回顾过去 TMT 的研究脉络，高层梯队理论提出之初就认为 TMT 决策行为背后的认知过程才是战略决策与企业绩效的决定性因素，但囿于研究方法和条件，很长一段时间内 TMT 研究主要走的是"曲线研究"的路子，即最初从较易观察和测量的 TMT 人口统计学特征着手来近似表达 TMT 认知过程，研究 TMT 人口统计学特征及其差异性对企业战略选择和组织产出的影响，到后来直接从 TMT 互动过程视角，研究 TMT 冲突、沟通、行为整合、权力配置等团队过程因素对决策行为、组织绩效等的影响。其间经历了一个曲折而复杂的过程，所获得的研究结论也众说纷纭。经过 30 多年的研究探索，学界始终没有打开 TMT 认知这个对企业绩效具有决定性意义的"黑匣子"。导致上述研究困境的根本原因在于 TMT 人口统计学特征及其差异性并不能有效反映 TMT 认知过程，驱动 TMT 行为过程背后的因素仍然是 TMT 认知，因而 TMT 研究还需重新回到 TMT 认知研究上来。尽管一些研究者意识到这点，但始终未能找到一个有效的研究切入点，研究者的困惑来自两方面：一是团队认知是一个比较抽象的概念，难以刻画与测量，这一点反映到 TMT 上，就涉及 TMT 认知界定等问题；二是 TMT 认知是不断变化发展的，而作为 TMT 认知心理表征的 TMT 共享心智模型也是变化发展的，如何在动态变化过程中刻画其特征又是一个难点。

针对上述 TMT 研究遇到的困惑，认知心理学的发展与团队生命周期视角提供了契机和有效突破口。认知心理学的发展使得越来越多的研究者开始关注团队绩效的认知成分，而共享心智模型作为团队认知的心理表征获得了较多关注，并占据了团队认知研究的前沿地位，逐渐成为解释团队效能差异、预测和提升团队及组织绩效的重要指标；而且已有研究表明，TMT 在企业目标及其实现手段等方面达成的共识与企业绩效正相关，而 TMT 在企业目标及其实现手段等方面达成的共识实质上是 TMT 共享心智模型内涵的体现。因此，作为 TMT 认知的心理表征，TMT 共享心智模型有望揭开 TMT 认知这个对企业绩效具有决定性意义的"黑匣子"，这是研究 TMT 认知的一条可行的路径。而如何在动态变化过程中刻画 TMT 共享心智模型特征，团队生命周期视角不失为一个有效的突破口。因为随着 TMT 生命历程的演进，TMT 共享心智模型结构将呈现不同的生命周期阶段特征，而揭示 TMT 共享心智模型结构的生命周期阶段特征能够刻画出 TMT 共享心智模型的变化特征，进而可探讨 TMT 共享心智模型对企业绩效的影响机制，TMT 认知"黑匣子"也有望被揭开。

同时，已有研究也注意到，共享心智模型的形成受到团队任务特征、团队结构等静态前因的影响，也受到团队互动过程等动力前因的影响。相较于静态前因，动力前因对 TMT 共享心智模型形成的影响更为深刻和久远，但既往团队共享心智模型形成的研究主要停留在静态前因分析上，忽视了其动力前因的研究。而结合 TMT 生命周期来看，TMT 共享心智模型形成的动力前因在 TMT 生命周期的不同阶段会呈现出水平的差异性，也正是这种差异性驱动 TMT 共享心智模型向前变化发展并呈现出不同的生命周期阶段结构特征，进而可能对企业绩效产生不同影响，因而识别驱动 TMT 共享心智模型形成的关键动因对揭示 TMT 共享心智模型形成具有重要作用。

　　本书立足于上述 TMT 研究的前沿问题，以团队生命周期为视角，围绕 TMT 共享心智模型形成动因、TMT 共享心智模型结构的生命周期阶段特征、TMT 共享心智模型的企业绩效影响机制等问题，展开一系列的相关研究。本书由六章构成，第 1 章在阐述研究背景与研究意义的基础上，提出研究思路与方法、研究内容及主要创新点；第 2 章在对 TMT、团队共享心智模型、TMT 行为整合、TMT 生命周期等核心概念进行界定，以及对高层梯队理论、结构－行为－绩效理论、团队生命周期理论、认知行为理论等理论基础进行阐述的基础上，梳理与评析 TMT 及共享心智模型的相关研究，剖析以往研究的不足并找出进一步研究的空间，为构建团队生命周期视角下 TMT 共享心智模型与企业绩效机制分析框架奠定基础；第 3 章从影响 TMT 共享心智模型形成的动态因素出发，厘清团队自反性、团队凝聚力、有效沟通与认知冲突的概念及内涵，探讨团队自反性维度、团队凝聚力维度、有效沟通的影响因素、认知冲突的管理及 TMT 认知冲突对绩效的影响，进而分析团队自反性、团队凝聚力、有效沟通与认知冲突对 TMT 共享心智模型形成的影响；第 4 章以团队生命周期为视角，选取高绩效企业 TMT 共享心智模型作为研究对象，对访谈材料进行内容分析，总结出不同生命周期阶段的 TMT 共享心智模型结构特征，并对高绩效企业样本进行问卷数据佐证，进一步验证团队生命周期不同阶段 TMT 任务式共享心智模型与 TMT 团队式共享心智模型存在水平差异性，揭示 TMT 共享心智模型结构演变的生命周期阶段特征；第 5 章在验证 TMT 行为整合三维度结构划分以及企业绩效二维度的基础上，通过问卷调查并进行结构方程建模分析，探讨 TMT 共享心智模型对企业绩效的影响机制，即考察 TMT 共享心智模型与企业绩效的关系，以及在二者关系中 TMT 行为整合是否起到了中介作用；第 6 章对本书的主要结论进行概括总结，探讨本书结论对管理实践的启示，同时指出本书研究中存在的不足及后续进一步深入研究的方向。

本书以团队生命周期为视角，将 TMT 共享心智模型形成、TMT 共享心智模型结构特征、TMT 行为整合及企业绩效动态匹配起来，揭示了这些因素之间的相互联系，所获得的研究结论不仅有助于丰富团队认知行为理论，而且能为企业管理实践中有目的地构建有效的 TMT 共享心智模型，在 TMT 不同生命周期阶段培育符合高绩效企业的 TMT 共享心智模型结构特征，以及通过培育有效的 TMT 共享心智模型并促进 TMT 行为整合来打造高绩效企业等提供新的思路和方法参考。本书覆盖高层梯队理论、团队生命周期、共享心智模型、行为整合、企业绩效机制等内容方向，可以作为经济管理类专业教师、研究生、本科生及其他相关专业学习者学习和研究的参考用书。限于作者水平，本书许多内容还有待完善和深入研究，不足之处，还恳请广大读者、专家批评指教。

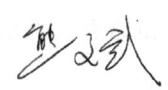

2024 年 10 月

目　录

Contents

第 1 章

绪　论

◆　1.1　研究背景与意义　◆

1.1.1　研究背景

在当前复杂、动荡和不确定性较大的经营环境下,企业面临更多的风险和挑战,需要依靠高层管理团队(top management team,TMT)的决策和管理能力来应对。TMT 的战略决策决定着企业绩效,而 TMT 的认知过程驱动着其战略决策的高质量行为,因此,探索 TMT 认知及其对企业绩效的作用机制,是 TMT 研究向纵深发展的核心主题。

高层梯队理论(upper echelons theory)的提出拉开了 TMT 研究的序幕,此理论提出之初就认为 TMT 决策行为背后的认知过程才是战略决策与企业绩效的决定性因素,但过去囿于研究方法和条件,前期研究主要走的是"曲线研究"的路子:一是认为可以用较易观察和测量的人口统计学特征,如年龄、性别、教育水平、工龄等,来近似代替更为隐性或更为复杂的 TMT 认知过程变量,这极大地降低了研究难度,因而学界大量研究转向研究 TMT 人口统计学特征与战略选择及组织绩效的关系上来,但研究结果并不稳定且未能达成共识;二是 TMT 人口统计学特征研究范式开始遭到一些学者的质疑,他们认为用人口统计学特征来代替复杂的心理互动过程并不可靠,人口统计学特征对组织绩效变异的解释力较弱,TMT研究应该深入TMT的互动过程中,因为只有深入TMT互动过程中,才能了解高管在决策中的互动情况,从而才有可能有针对性地进行团队决策优化,进而更加具体地指导管理实践。因此,一些学者直接从团队互动过程(如沟通、协调)出发研究其对决策行为及企业绩效的影响,TMT互动过程方面的探讨已初步形成思维框架,但还有待进一步深入。上述人口统计学特征或团队互动过程取向的TMT研究范式并未触及TMT认知,因而也就没有得出可推广的更具一般性的结论。当然其间也有少量关于TMT认知方面的研究散见于部分文献中,如TMT注意力、TMT认知风格、TMT认知异质性等,但总的来说,经过30多年的研究探索,学界始终没有打开TMT认知这个对企业绩效具有决定性意义的"黑匣子"。

一些研究者开始意识到人口统计学特征及其差异性并不能有效反映TMT认知过程,表面性的TMT人口统计学特征并不能真正代表或者刻画TMT的认知特征,例如,学历水平及其差异性难以反映TMT成员的个性认知特征,因而研究得出的结论往往不稳定甚至互相矛盾。依照认知行为理论,驱动TMT行为过程背后的因素仍然是TMT认知,因而TMT研究还需重新回到TMT认知研究上来。尽管一些学者意识到这点,但面临如何界定TMT认知这个难题。TMT认知属于团队认知范畴,但团队认知是一个比较抽象的概念,学界有关其表述也众多,如团队注意力、交互记忆、共享理解、共享战略、共享心智模型等,而采用这些不同的团队认知概念来表征团队认知并展开研究定会影响团队认知研究结果的稳定性。同时,学界面临的困扰还有TMT认知是不断变化发展的,而如何在动态变化过程中刻画其特征又是一个难点。因此,打开TMT认知"黑匣子"也成了国内外学者的强烈呼声。

与此同时,认知心理学的研究也取得了巨大的进步,其中与管理心理学、组织行为学结合紧密的是共享心智模型的研究。尽管关于团队认知的表述很多,但在众多的表述中,共享心智模型是学界关注度和认可度最高的团队认知概念,处于团队认知研究的前沿,逐渐成为解释团队效能差异、预测和提升绩效的重要指标,并且已有研究表明,TMT 在企业目标及其实现手段等方面达成的共识与企业绩效正相关,而 TMT 在企业目标及其实现手段等方面所形成的共识实质上是 TMT 共享心智模型内涵的体现。因此,TMT 共享心智模型作为 TMT 认知的心理表征,有望揭开 TMT 认知这个对企业绩效具有决定性意义的"黑匣子"。尽管 TMT 共享心智模型的研究刚起步,并且其与企业绩效之间的关系也尚未达成共识,但以 TMT 共享心智模型表征 TMT 认知,探索 TMT 共享心智模型及其对企业绩效的作用机制,必将是 TMT 研究向纵深发展的核心主题之一,并且作为团队认知表征的共享心智模型与虚拟团队、任务团队的绩效关系方面的诸多研究成果也启迪我们,将共享心智模型与 TMT 结合起来是研究 TMT 认知的一条可行的路径。

而对于如何在动态变化的过程中刻画 TMT 共享心智模型这个难题,本书认为团队生命周期为此提供了一个很好的视角。正如其他团队一样,TMT 也有生命周期,并且随着 TMT 生命历程的演进,TMT 共享心智模型也是不断向前变化发展的,而揭示 TMT 共享心智模型结构的生命周期阶段特征能够刻画出 TMT 共享心智模型的变化趋势,进而可探讨 TMT 共享心智模型对企业绩效的影响机制。

同时本书也注意到,TMT 共享心智模型的形成会受到个体层面(如团队成员人格特征及差异性)、团队层面(如团队任务及工作特征、团队构成、团队互动过程、团队领导及团队存在时间等)与组织层面(如组织制度、文化气氛等)等因素的影响。这些因素中既有团队人口统计学特征等静态前因,又有团队互动过程等动力前因,而随着 TMT 生命历程的演进,与影响 TMT 共享心智模型形成的静态前因相比,TMT 共享心智模型形成的动力前因对其影响更为深刻和久远,并且这些动力前因在 TMT 生命周期的不同阶段会呈现水平的差异性,也正是这种差异性驱动 TMT 共享心智模型向前变化发展并呈现出不同的生命周期阶段结构特征,进而可能对企业绩效产生不同影响。

综上所述,结合 TMT 与共享心智模型的研究成果,基于团队生命周期的视角探讨企业 TMT 共享心智模型的形成动因、结构特征及其对企业绩效的影响机制具有重要的学术意义和理论价值。

1.1.2 研究意义

(1)理论意义。

第一,本书从驱动 TMT 共享心智模型形成的动力前因入手,深入分析其对 TMT 共享心智模型形成的影响,在丰富 TMT 理论的同时又是对具体情境中共享心智模型构建理论的补充。

第二,从 TMT 生命周期视角来探讨企业 TMT 共享心智模型结构的阶段特征,是对共享心智模型的阶段演变理论的补充。

第三,根据认知行为理论,团队的行为是由其认知过程所驱动的,因而 TMT 认知驱动 TMT 行为表现进而对企业绩效产生影响。借鉴认知行为理论,将 TMT 共享心智模型、TMT 行为与企业绩效的关系纳入整体研究框架,明晰 TMT 共享心智模型对企业绩效的影响机制,既丰富了团队认知行为理论,又为 TMT 共享心智模型对企业绩效的影响机制提供了新的证据,并有助于揭开 TMT 特征及其差异性与企业绩效关系的黑箱。

(2)实践意义。

第一,TMT 共享心智模型比较抽象,反映到管理实践中,如何构建 TMT 共享心智模型是比较模糊的,挖掘企业 TMT 共享心智模型形成的动力前因,可以指导企业在管理实践中有针对性地构建有效的 TMT 共享心智模型。

第二,揭示企业 TMT 共享心智模型结构的阶段特征,有助于企业

TMT 在不同生命周期阶段培育符合高绩效企业的 TMT 共享心智模型。

　　第三,TMT 共享心智模型通过行为整合进而可能提高企业绩效是值得目前实业界高度关注的,通过培育有效的 TMT 共享心智模型并促进 TMT 成员之间的信息交换、团队合作、共同决策等来打造高绩效企业,在一定程度上能够解决企业 TMT 内耗比较严重及企业绩效不尽人意的问题。

◆ 1.2 研究思路与方法 ◆

1.2.1 研究思路

从选题动机、研究价值和研究现状出发,以揭示 TMT 共享心智模型的形成动因、结构特征及其对企业绩效的影响机制为导向,从团队生命周期的视角,结合高层梯队、组织群体动力、TMT、共享心智模型等理论,以及因子分析、访谈内容分析、方差分析、团队层面数据加总验证等研究方法,将驱动 TMT 共享心智模型形成的关键动因、TMT 共享心智模型结构特征、TMT 行为整合及企业绩效动态匹配起来,揭示这些因素之间的相互联系。具体来说,通过识别团队自反性、团队凝聚力、有效沟通、认知冲突等驱动 TMT 共享心智模型形成的关键动态因素来深入分析其对 TMT 共享心智模型形成的影响作用,在此基础上明晰 TMT 共享心智模型结构的生命周期阶段特征,进而阐明 TMT 共享心智模型对企业绩效的作用机制。

1.2.2 研究方法

(1)文献研究法。

采用文献分析与文本挖掘软件,系统梳理并归纳 TMT、共享心智模型等国内外相关研究文献及理论范式,厘清已有研究的主要观点及存在的可拓展研究空间,形成对研究对象的科学认识,结合中国具体的企业背景,提出研究思路与方法。

(2)访谈法。

基于文献研究的梳理、归纳和总结,提出 TMT 共享心智模型结构特征等构想,由此形成基于研究总体构想的访谈提纲,采用半结构化深度访谈方式获取与 TMT 共享心智模型结构特征变化相关的第一手资料,然后采用内容分析法对访谈内容进行深入分析与总结,从而获得 TMT 共享心智模型结构阶段特征的假设。

(3)问卷调查法。

在文献研究和访谈的基础上,设计 TMT 共享心智模型、TMT 行为整合及企业绩效等问卷量表,对其中涉及的英文量表采取双向互译法,确保量表的中文版与英文版意义相同,并经讨论对量表进行适当修改和完善,最终形成正式调查问卷,在此基础上进行大规模采样获得研究所需的数据,为后续统计分析佐证前面访谈的研究结果做准备。

(4)数据分析法。

在访谈、问卷调查的基础上,采用探索性因子分析、验证性因子分析、方差分析、结构方程建模等方法对各类数据进行相应的分析与处理,检验前面提出的各种假设。具体来说,本研究对 TMT 行为整合、企业绩效等进行探索性因子分析及验证性因子分析,对高绩效企业 TMT 共享心智模型结构特征进行阶段方差分析,对 TMT 共享心智模型与 TMT 行为整合的关系、TMT 行为整合与企业绩效的关系及 TMT 共享心智模型通过 TMT 行为整合影响企业绩效的作用关系等进行结构方程建模分析。

(5)团队层面数据加总验证法。

对于 TMT 的团队合作、共同决策、信息交换、任务式共享心智模型、团队式共享心智模型等变量数据的获取,问卷都是由多个 TMT 成员提供评价的,而研究的主体却是 TMT,因此在变量操作上需要从 TMT 成员数据聚合到 TMT 层次。本书采用学界广泛接受的组内一致性系数 r_{wg}、组内相关系数 ICC(1)和 ICC(2)等指标来衡量,其计算公式如下:

$$r_{wg}(J) = \frac{J\left[1 - \left(\overline{\frac{S_{xj}^2}{\sigma_{eu}^2}}\right)\right]}{J\left[1 - \left(\overline{\frac{S_{xj}^2}{\sigma_{eu}^2}}\right)\right] + \left(\overline{\frac{S_{xj}^2}{\sigma_{eu}^2}}\right)} \tag{1-1}$$

$$\sigma_{eu}^2 = \frac{A^2 - 1}{12} \tag{1-2}$$

$$\mathrm{ICC}(1) = \frac{\mathrm{MSB} - \mathrm{MSW}}{\mathrm{MSB} + (k-1)\mathrm{MSW}} \tag{1-3}$$

$$\mathrm{ICC}(2) = \frac{\mathrm{MSB} - \mathrm{MSW}}{\mathrm{MSB}} \tag{1-4}$$

公式中,J 表示测量题项数量;$\overline{S_{xj}^2}$ 表示多个题项观测方差的平均数;σ_{eu}^2 表示期望方差;A 表示测量等级数量,对于五点量表,A 为 5;MSB、MSW 分别指组间和组内均方;k 指组的样本数,当组样本大小不同时,k 取各组的平均样本数;ICC(1)系数表示组别间的变异量占这个变量的总变异量的比率,ICC(1)越大,说明每组数据可以合并;ICC(2)系数反映团队平均数是否可靠,可以在 ICC(1)系数的基础上计算获得。一般来说,数据是否能够聚合到团队,其判定标准是 $r_{wg} > 0.7$、ICC(1)$>$ 0.05、ICC(2)$>$0.5。通过计算上述各变量的 r_{wg}、ICC(1)、ICC(2)的结果来判定是否能够在团队水平上加总平均。

◆ **1.3 研究内容** ◆

TMT 战略决策决定着企业绩效,而 TMT 战略决策行为受 TMT 认知驱动,有效和成功的战略往往要通过 TMT 成员之间认知的交互影响才能达到。作为 TMT 认知的心理表征,TMT 共享心智模型逐渐成为解释 TMT 效能差异、预测和提升企业绩效的重要指标和管理实践的抓手,因而 TMT 共享心智模型是当今企业和学界发展无法回避的重要主题。针对 TMT 共享心智模型的形成动因、结构特征及其对企业绩效影响机制研究的缺乏,本书以团队生命周期为视角,将 TMT 生命周期分为形成期、震荡期、规范期和执行期四个阶段,围绕 TMT 共享心智模型形成的关键驱动因素、TMT 共享心智模型结构的生命周期阶段特征及其对企业绩效的影响机制等问题,展开一系列相关研究。具体而言,本书共分为六章,主要研究内容如下:

第 1 章绪论。在阐述研究背景与研究意义的基础上,提出研究思路与方法、研究内容及主要创新点。

第 2 章理论基础及文献综述。在对 TMT、团队共享心智模型、TMT 行为整合、TMT 生命周期等概念进行界定的基础上,阐述高层梯队理论、结构—行为—绩效理论、团队生命周期理论、认知行为理论等理论基础,梳理与评析 TMT 及共享心智模型的相关研究,剖析以往研究的不足并找出进一步研究的空间,为构建团队生命周期视角下 TMT 共享心智模型与企业绩效机制分析框架奠定基础。

第 3 章 TMT 共享心智模型形成动因识别。从影响 TMT 共享心智模型形成的动态因素出发,关注团队自反性、团队凝聚力、有效沟通、认知冲突对 TMT 共享心智模型形成的影响。

第 4 章基于团队生命周期的企业 TMT 共享心智模型结构特征。以团队生命周期为视角,选取高绩效企业 TMT 共享心智模型作为研究对象,对访谈材料进行内容分析,总结出不同生命周期阶段 TMT 共享心智模型的结构特征,并对高绩效企业样本进行问卷数据佐证,进一步验证团队生命周期的不同阶段 TMT 任务式共享心智模型与 TMT 团队式共享心智模型存在水平差异性,得出 TMT 共享心智模型结构演变的生命周期阶段特征。

第 5 章 TMT 共享心智模型的企业绩效影响机制。在验证 TMT 行为整合三维度结构划分以及企业绩效二维度划分的基础上,通过问卷调查及结构方程建模分析,探讨 TMT 共享心智模型对企业绩效的影响机制,即考察 TMT 共享心智模型与企业绩效的关系,以及在二者关系中 TMT 行为整合是否起到了中介作用。

第 6 章结论、启示与展望。围绕团队生命周期视角下 TMT 共享心智模型与企业绩效机制研究的重要结论进行概括总结,探讨研究结论对指导管理实践的启示,同时指出本研究存在的不足及后续进一步深入研究的方向。

◆ **1.4　主要创新点** ◆

本研究的特色在于以团队生命周期为新视角,将 TMT 共享心智模型构建、TMT 共享心智模型结构特征、TMT 行为整合及企业绩效动态匹配起来,揭示了这些因素之间的相互联系。具体来说,从驱动 TMT 共享心智模型形成的关键动态因素出发,深入分析其对 TMT 共享心智模型形成的影响作用,在此基础上揭示 TMT 共享心智模型结构的生命周期阶段特征,进而明晰 TMT 共享心智模型对企业绩效的影响机制。主要创新点包括:

(1)揭示 TMT 共享心智模型的形成动因。既往关于团队共享心智模型形成的研究主要停留在团队任务特征、团队结构等静态前因分析上,忽视了其动态前因的研究,并且将 TMT 与共享心智模型结合起来探讨 TMT 共享心智模型形成的动态前因的研究更是鲜见,本研究立足这一实际问题,通过识别团队自反性、团队凝聚力、有效沟通与认知冲突等驱动 TMT 共享心智模型形成的关键动态因素,揭示团队自反性、团队凝聚力、有效沟通与认知冲突等因素对 TMT 共享心智模型形成的影响作用,弥补以往 TMT 共享心智模型形成研究中对其动态前因关注的不足。

(2)从团队生命周期的新视角探讨 TMT 共享心智模型结构的发展特征。针对在动态变化过程中刻画共享心智模型特征的难题,本研究以团队生命周期为视角,通过分析 TMT 共享心智模型的任务式共享心智模型和团队式共享心智模型这两个具体结构成分在 TMT 生命周期不同阶段的不同组合特征形态,揭示 TMT 共享心智模型的发展特征,这是为解决如何在动态变化过程中刻画共享心智模型特征难题的一次新尝试。

（3）明晰 TMT 共享心智模型对企业绩效的影响机制。本研究将行为整合纳入 TMT 共享心智模型与企业绩效关系研究的分析框架,基于认知行为理论中团队认知解释团队行为的重要性及团队行为对企业绩效产生重要影响的事实,并结合特征(结构)—行为过程—绩效的研究范式,尝试探讨 TMT 共享心智模型、TMT 行为整合与企业绩效三者之间的关系,即探究 TMT 共享心智模型与企业绩效的关系,以及在二者关系中 TMT 行为整合是否起到了中介作用,从而明晰 TMT 共享心智模型对企业绩效的影响机制。这也是揭开 TMT 特征与企业绩效关系"黑匣子"的一次新探索。

◆ **1.5 本章小结** ◆

本章从 TMT 研究中的瓶颈出发,提出了本研究的理论意义与实践意义,介绍了研究思路及采用的研究方法,给出了内容安排,并指出了主要创新点,为研究的顺利开展做了较为充分的铺陈。

第 2 章

理论基础及文献综述

本章在对 TMT、团队共享心智模型、TMT 行为整合、TMT 生命周期等核心概念进行界定的基础上，回顾了高层梯队理论、结构—行为—绩效理论、团队生命周期理论、认知行为理论等与本研究相关的理论基础，并对 TMT 及共享心智模型的研究现状进行了述评。

◆ 2.1 核心概念界定 ◆

2.1.1 TMT

高层管理团队（top management team，TMT）的概念最初源于 Cyert 和 March（1963）提出的"优势联盟"（dominant coalition）[①]，而学界认为的 TMT 研究的开始是 Hambrick 与 Mason（1984）提出"高层梯队

---

① Cyert R M，March J G. A behavioural theory of the firm[M]. Englewood Cliffs：Prentice-Hall，1963.

理论"论述①,高层梯队理论强调高管团队是企业战略的决策主体,在高层梯队的研究中占据中心地位。TMT 现已经发展为管理领域中较为突出的研究内容之一。TMT 的具体界定却因研究者的研究而异,研究者一般基于相关理论根据自己研究的需要对 TMT 进行界定,Carpenter 等人②对之进行了总结,后续也有一些学者根据自己的研究需要对 TMT 内涵进行了界定,本研究对国内外学者对 TMT 的界定进行归纳汇总,如表 2-1 所示。

表 2-1　国内外学者对 TMT 的界定

作者	定义
Hambrick 和 Mason(1984)	总经理、副总经理以及直接向他们负责的高层管理人员
Finkelstein 和 Hambrick(1990)	加入董事会的高层管理人员
Wiersema 和 Bantel(1992)	管理层中两个最高的行政级别,包括最高级别的管理层(董事长、CEO、总裁)以及企业次高一级的管理层
Keck 和 Tushman(1993)	公司副总裁及其秘书、财务主管以及更高职位的所有成员
Hambrick 等(1996)	副总裁级别以上的所有高管,例如高级副总裁、CEO
Amason(1996)	由 CEO 认可的参与战略决策的高管
Tushman 和 Rosenkopf(1996)	CEO 和其直接下属
Geletkanycz 和 Hambrick(1997)	副总级别以上的所有高管
Sanders 和 Carpenter(1998)	副总级别以上的所有高管
Amason 和 Mooney(1999)	由 CEO 认可的参与战略决策的高管
Tihanyi 等(2000)	董事会主席、副主席、CEO、总裁、高级副总裁等

---

① Hambrick D C, Mason P A. Upper echelons: The organization as a reflection of its top managers[J]. Academy of Management Review,1984,9(2):193-206.

② Carpenter M A, Geletkanycz M A, Sanders W G. Upper echelons research revisited: Antecedents, elements,and consequences of top management team composition[J]. Journal of Management,2004, 30(6):749-778.

作者	定义
Bergh(2001)	副总以上的所有高管以及其他属于董事会成员的高管
Carpenter 和 Fredrickson(2001)	组织管理层中的最高级别高管
魏立群和王智慧(2002)	具有总经理、总裁或者 CEO 头衔的高级管理人员和具有副总经理、副总裁、首席财务总监、总会计师等头衔的管理人员
Bertrand 和 Schoar(2003)	薪酬最高的前五名高管
Kor(2003)	所有高层经理,包括 CEO、COO、业务单元领导和副总
Auh 和 Menguc(2005)	组织内提供关键组织决策的人
孙海法等(2006)	包括董事长、总经理及其助理、副总经理以及各职能部门总监在内的具有实际企业经营权、参与企业高层决策的管理者
葛玉辉(2007)	参与公司经营决策和战略决策,对企业经营管理有很大决策权和控制权的相关群体,包括董事长、总经理、各部门总监
Cannella,Park 和 Lee(2008)	副总级别以上的所有高管
Boone 和 Hendriks(2009)	由 CEO 认可的参与战略决策的高管
Ozer(2010)	所有高层经理,包括 CEO、COO、CFO 和副总
Buyl 等(2011)	由 CEO 认可的参与战略决策的高管
林新奇和蒋瑞(2011)	董事长、非独立董事、总经理、副总经理、董事会秘书、财务总监等高级管理人员
李卫宁和李莉(2015);钟熙等(2019)	具有副总经理、副总裁、总工程师、总经济师、总会计师等及以上头衔的高级管理人员
张兆国等(2018);朱乐和陈承(2020)	上市公司年报披露的除独立董事以外的董事会成员和高管人员
Triana 等(2019)	CEO、首席运营官、首席财务官、业务线负责人、职能领域或运营领域的总裁或执行副总裁、首席信息官等

资料来源:根据现有文献整理。

研究 TMT 首先需要对 TMT 进行界定,从国内外学者对 TMT 的界定可以看出,TMT 成员范围的界定主要通过对总裁或总经理进行问卷调查或深度访谈、查询上市公司报告及年鉴等披露的管理者的职级等方式进行。尽管上述关于 TMT 的定义表述有所差异,但实际表达了一个共同观点,即 TMT 成员身处组织金字塔的最高管理层级,对整个企业的组织、协调与运营有很大的决策权和控制权,是能够参与企业战略决策的高层管理者群体。本研究综合考虑国内外学者的观点,将 TMT 界定为参与组织战略决策,具有副总经理、副总裁、总工程师、总会计师、各部门总监(如人力资源总监、运营总监、财务总监、销售总监)等及以上头衔的高层级管理人员。

2.1.2　团队共享心智模型

Craik(1943)认为个人的心智可以将现实建构成"小型模式",即"心智模型",并用它来对事件进行描述、解释与预测[①]。20 世纪 90 年代以来,团队作为组织的一种有效工作形态逐渐受到重视,而且人们意识到团队中不仅存在成员个体心智模型,还存在团队共享心智模型,这一点在一些有效运作的团队中得到验证。这些团队成员在完成工作任务的过程中往往彼此之间存在一种心照不宣的默契而无需太多语言沟通,而这种默契本质上就是一种团队心理表征。

Cannon-Bowers 等认为共享心智模型是指团队成员共同拥有的知识结构,它使得团队成员能对团队工作任务形成正确的解释和预期[②],从而协调自己的行为以适应任务和其他团队成员的需求。后续一些研

① Craik K J W. The nature of explanation [M]. Cambridge:Cambridge University Press,1943.
② Cannon-Bowers J A, Salas E, Converse S. Shared mental models in expert team decision making[J]. Individual and Group Decision Making,1993,221:221-246.

究者①②③④⑤⑥对团队共享心智模型的定义做了进一步阐述,归纳汇总如表 2-2 所示。

表 2-2　国内外学者对团队共享心智模型的界定

作者	定义
Cannon-Bowers 等(1993)	共享心智模型是指团队成员共同拥有的知识结构,它使得团队成员能对团队工作任务形成正确的解释和预期,从而协调自己的行为以适应团队工作任务和其他团队成员的需求
Klimoski 和 Mohammed(1994)	团队共享心智模型是个体对与团队任务及团队过程相关的共享知识的表征
Ensley 和 Pearce(2001)	共享心智模型指的是团队成员对与任务相关的信息具有共同理解,主要通过团队成员间的交流和知识共享的方式实现对任务目标、完成方式、拥有的信息资源等内容的一致认知
Mohammed 和 Dumville(2001)	团队共享心智模型指团队成员对团队所在环境的关键因素所形成的共享的、有组织的认识和心理表征等
Salas 和 Fiore(2002)	团队心智模型不是个人心智模型的总和,而是一种集体认知并且在团队成员相互作用过程中影响团队协同及团队绩效等

① Klimoski R, Mohammed S. Team mental model: Construct or metaphor? [J]. Journal of Management, 1994, 20(2): 403-437.

② Mohammed S, Dumville B C. Team mental models in a team knowledge framework: Expanding theory and measurement across disciplinary boundaries [J]. Journal of Organizational Behavior, 2001, 22(2): 89-106.

③ Salas E, Fiore S M. Team cognition: Process and performance at the inter- and intra-individual level[C]//Proceedings of the Human Factors and Ergonomics Society 46th Annual Meeting. Los Angeles: SAGE Publications, 2002.

④ 葛玉辉. 高管团队认知与组织绩效作用机制的研究拓展[J]. 企业经济, 2009(8): 5-8.

⑤ Maynard M T, Gilson L L. The role of shared mental model development in understanding virtual team effectiveness[J]. Group & Organization Management, 2014, 39(1): 3-32.

⑥ Alsharo M, Gregg D, Ramirez R. Virtual team effectiveness: The role of knowledge sharing and trust[J]. Information & Management, 2017, 54(4): 479-490.

作者	定义
杨正宇等(2003)	团队共享心智模型可以使团队成员形成一种应对环境的共同理念和认知,为研究团队成员之间为完成相互协作的团队任务而如何共享任务信息和相互期望提供了一个很好的研究范式
Eccles 和 Tenenbaum(2004)	团队共享心智模型是指团队成员对团队行为及组织成就有共同的期望
葛玉辉(2009)	团队共享心智模型是一种有关团队认知的心理表征,是团队行为背后的潜结构,这种潜结构通过影响团队行为和团队效能,进而影响组织绩效
杨杰等(2012)	共享心智模型包括共享的知识结构、相似的态度或信念结构
Maynard 和 Gilson(2014)	团队共享心智模型代表成员关于团队和任务各个方面心理表征的重叠或融合,代表成员之间关于团队内部和外部环境维度达成的协议或共同知识
Alsharo 等(2017)	共享心智模型是指团队成员对团队工作形成正确的解释和期望,从而协调自己的行为,以满足工作的需要和其他成员的需要

资料来源:根据现有文献整理。

随着共享心智模型研究的深入,一些学者认为共享心智模型的内容既包括团队知识结构,也包括态度和信念[1][2][3][4]。在综合考虑国内外学者观点的基础上,本研究认为团队共享心智模型包含团队成员共同拥有

[1] Kraiger K, Wenzel L H. Conceptual development and empirical evaluation of measures of shared mental models as indicators of team effectiveness[C]//Team Performance Assessment and Measurement:Theory,Methods,and Applications. London:Psychology Press,1997.

[2] Mohammed S,Klimoski R,Rentsch J R. The measurement of team mental models:We have no shared schema[J]. Organizational Research Methods,2000,3(2):123-165.

[3] 龙飞,戴昌钧.基于组织共享心智模型的组织知识管理研究[J].情报杂志,2007(1):81-85.

[4] 徐寒易,马剑虹.共享心智模型:分布、层次与准确性初探[J].心理科学进展,2008(6):933-940.

的知识结构、态度或信念,它使得团队成员能对团队任务形成正确的解释和预期,协调各成员的行为以适应团队任务和其他团队成员的需求,进而提高组织绩效。

2.1.3 TMT 行为整合

Hambrick 与 Mason(1984)在《高层梯队:组织是高管们的反映》这篇具有划时代意义的文章中提出了高层梯队理论研究的模型框架[①],基于此研究框架,涌现出大量关于高管的相关研究。这种研究范式之所以在学界备受推崇,是因为按照此理论框架的观点,研究者只需了解企业TMT 的各类特征,就能洞悉该企业的战略决策状况并预测企业的下一步战略行动,而不需深入了解该企业 TMT 的运作过程,然而这类研究并没有得到一致的研究结论。研究者们开始反思研究结果出现不一致的原因,发现 TMT 特征差异性既有积极的一面,也有消极的一面,即这种特征差异性在有利于战略决策的同时,也带来了团队成员之间沟通减少[②]、成员流失率上升和不和谐因素增加[③]等一系列负面效应,存在二律背反现象[④]。后续有研究者开始发现,造成特征差异性二律背反现象的原因可能在于对团队互动过程研究的缺失,正如 Priem 等(1999)所指出的以人口统计学特征来研究 TMT 的互动过程是问题的症结所在[⑤]。而只有深入了解 TMT 互动过程,才能了解高管成员在战略决策过程中的

① Hambrick D C, Mason P A. Upper echelons: The organization as a reflection of its top managers[J]. Academy of Management Review,1984,9(2):193-206.

② Zenger T R, Lawrence B S. Organizational demography: The differential effects of age and tenure distributions on technical communication[J]. Academy of Management Journal,1989,32(2):353-376.

③ O'Reilly C A, Snyder R C, Boothe J N. Effects of executive team demography on organizational change[C]//Huber G P, Glick W H. Organizational Change and Redesign: Ideas and Insights for Improving Performance. New York: Oxford University Press,1993.

④ 韩立丰,王重鸣,许智文. 群体多样性研究的理论述评——基于群体断层理论的反思[J]. 心理科学进展,2010,18(2):374-384.

⑤ Priem R L, Lyon D W, Dess G G. Inherent limitations of demographic proxies in top management team heterogeneity research[J]. Journal of Management,1999,25(6):935-953.

互动情况，从而才有可能有针对性地优化团队决策，以更加具体地指导管理实践。因此，TMT互动过程研究不失为TMT研究瓶颈的有效突破口。通过明晰TMT互动过程并探讨TMT特征与团队互动过程之间的关系，TMT特征研究所面临的困境有望被破解。

团队互动过程的研究始于Shaw(1981)的群体过程理论①，后续Lawrence(1997)将其引入高层梯队的研究中②，以解决高层梯队研究的结果不稳定问题。相关的团队互动过程研究主要探讨其与成员满意度、团队承诺和内聚力等团队结构变量及组织结果如企业绩效等之间的关系(Knight等,1999)③，但团队互动过程究竟由哪些维度构成目前仍未取得共识。目前探讨团队互动过程的变量主要涉及冲突与合作行为(Parayitam等,2010)④、沟通(Smith等,1994)⑤或行为整合(Hambrick,1994)⑥、团队交互记忆(陈昀等,2007;Rau,2006)⑦⑧等。在众多的团队过程变量描述中，Hambrick在1994年提出的"行为整合"概念为研究TMT互动过程提供了一个新的思路，该概念包含团队合作、信息交换和共同决策三个相互关联的TMT关键过程要素。以往团队互动过程变量研究强调TMT单个行为维度，而在Hambrick看来，TMT互动过

① Shaw M E. Group dynamics：The psychology of small group behavior［M］. New York：McGraw-Hill,1981.

② Lawrence B S. Perspective——The black box of organizational demography［J］. Organization Science,1997,8(1)：1-22.

③ Knight D,Pearce C L,Smith K G,et al. Top management team diversity,group process,and strategic consensus［J］. Strategic Management Journal,1999,20(5)：445-465.

④ Parayitam S,Olson B J,Bao Y J. Task conflict,relationship conflict and agreement-seeking behavior in Chinese top management teams［J］. International Journal of Conflict Management,2010,21(1)：94-116.

⑤ Smith K G,Smith K A,Olian J D,et al. Top management team demography and process：The role of social integration and communication［J］. Administrative Science Quarterly,1994,39(3)：412-438.

⑥ Hambrick D C. Top management groups：A conceptual integration and reconsideration of the "team" label［J］. Research in Organizational Behavior,1994(16)：171-214.

⑦ 陈昀,贺远琼. 基于团队过程视角的董事会与企业绩效关系研究述评［J］.外国经济与管理,2007(8)：51-57.

⑧ Rau D. Top management team transactive memory,information gathering,and perceptual accuracy［J］. Journal of Business Research,2006,59(4)：416-424.

程不同于一般社会交往过程，TMT决策互动过程中内在的复杂性和动态性仅从单一行为过程维度是很难捕捉的，而行为整合强调团队合作、信息交换和共同决策这几个相互关联的过程变量，能更好地捕捉TMT特征信息并能有效预测企业绩效水平。一些学者认同采用行为整合来刻画团队互动过程并展开了相应研究。姚振华和孙海法（2010）对TMT组成特征与行为整合关系进行了研究①；Carmeli等（2011）认为CEO授权领导促进了TMT行为整合与效能提升并进而提高了企业绩效②；Gu等（2016）探讨了TMT行为整合在TMT内部社会资本与战略决策速度之间起的中介作用③；Jahanshahi等（2017）认为高度行为整合的TMT为其团队成员提供了更多的创新机会并更有可能参与面向可持续发展的行动④；王益民、赵志彬和王友春（2020）从行为整合的视角对高管团队知识断裂带、CEO-TMT交互与国际化范围展开了研究⑤；奚雷、彭灿和李德强（2024）基于组织能力的中介作用和批判性反思的调节作用对高管团队行为整合对双元创新的影响展开了研究⑥。

在综合考虑国内外学者研究基础上，本研究认为TMT行为整合构念可以刻画团队互动过程，并且认为行为整合包含团队合作、信息交换与共同决策三个维度。行为整合构念为研究TMT运作过程提供了思路。

---

① 姚振华,孙海法.高管团队组成特征与行为整合关系研究[J].南开管理评论,2010,13(1):15-22.

② Carmeli A, Schaubroeck J, Tishler A. How CEO empowering leadership shapes top management team processes: Implications for firm performance[J]. The Leadership Quarterly, 2011,22(2):399-411.

③ Gu J J, Xie F H, Wang X S, et al. Relationship between top management team internal social capital and strategic decision-making speed: The intermediary role of behavioral integration[J]. Kybernetes, 2016,45(10):1617-1636.

④ Jahanshahi A A, Brem A. Sustainability in SMEs: Top management teams behavioral integration as source of innovativeness[J]. Sustainability, 2017,9(10):1899.

⑤ 王益民,赵志彬,王友春.高管团队知识断裂带、CEO-TMT交互与国际化范围:行为整合视角的实证研究[J].南开管理评论,2020,23(6):39-51.

⑥ 奚雷,彭灿,李德强.高管团队行为整合对双元创新的影响:组织能力的中介作用和批判性反思的调节作用[J].运筹与管理,2024,33(2):233-239.

2.1.4　TMT 生命周期

自 20 世纪 50 年代以来,以生物进化论为基础的生命周期理论被广泛应用于传统管理的多个领域,形成了如企业生命周期理论、产品生命周期理论等诸多引人注目的研究成果[①]。随着团队日益成为全球企业推崇的有效工作形态,有关团队生命周期的研究也逐渐引起了学者们的关注。最初关于团队生命周期的研究可以追溯到学者塔克曼(1965)提出的"小型团队的发展阶段"模型[②]。在这一模型中,塔克曼将群体的生命周期划分为组建期、震荡期、规范期、执行期和解散期五个阶段,并且认为这些阶段是一个团队从产生、发展到消亡必经的阶段,这种划分得到了众多学者和业界人士的认可,并且很多学者在有关团队生命周期主题研究中都采用了这种划分。此后,国内外一些学者从团队生命周期出发对虚拟团队展开了一系列研究[③][④][⑤],取得了较为丰富的成果;也有一些学者关注科研团队[⑥][⑦][⑧][⑨]、项目团队[⑩][⑪][⑫]等团队类型的生命周期并

① 金辉,钱焱,邵俊.团队生命周期理论及其研究进展[J].科技进步与对策,2006(7):194-196.

② Tuckman B W. Developmental sequence in small groups[J]. Psychological Bulletin,1965,63(6):384-399.

③ Lipnack J,Stamps J. Virtual teams:Reaching across space, time, and organizations with technology[M]. New York:John Wiley & Sons,1997.

④ 邓靖松.虚拟团队生命周期中的信任管理研究[J].中山大学学报(社会科学版),2005(1):109-113,128.

⑤ 詹一虹,苏睿.虚拟团队管理的生命周期模式分析[J].科技进步与对策,2006(12):104-107.

⑥ 井润田,王蕊,周家贵.科研团队生命周期阶段特点研究——多案例比较研究[J].科学学与科学技术管理,2011,32(4):173-179.

⑦ 危怀安,胡艳辉.自主创新能力演化中的科研团队作用机理——基于 SKL 科研团队生命周期的视角[J].科学学研究,2012,30(1):94-101.

⑧ 曹云飞,蔡翔.基于科研团队生命周期的"个体-团队"动态功能匹配研究[J].科技进步与对策,2012,29(14):129-132.

⑨ 陈春花,叶飞.科研团队生命周期管理的理论框架研究[J].科技管理研究,2002(3):83-86.

⑩ 刘惠琴.团队异质性、规模、阶段与类型对学科团队创新绩效的影响研究[J].清华大学教育研究,2008(4):83-90.

⑪ 高坚梁,倪金兰,金晓扬.基于项目团队生命周期性的团队激励方式探析[J].全国商情(经济理论研究),2006(6):91-93.

⑫ 唐桂芳,王林雪.情境领导模型在项目团队生命周期各阶段的应用[J].经营与管理,2012(6):105-107.

展开了一系列研究。对于团队生命周期阶段的划分，研究者基本形成了共识，即大家都认为团队研究主要是对存续期间的团队进行研究，因而没必要考虑团队解散阶段或消亡阶段的状况，所以，一般将团队生命周期阶段分为团队形成（初创）期、团队震荡（磨合）期、团队规范（成长）期、团队执行（成熟）期四个阶段。考虑本研究主要是对 TMT 存续期间进行研究，因而没必要考虑团队解散期的状况，所以，本研究将 TMT 生命周期阶段分为形成期、震荡期、规范期和执行期四个阶段。

◆ 2.2 理论基础 ◆

2.2.1 高层梯队理论

TMT 的理论基石是 Hambrick 和 Mason(1984)提出的高层梯队理论[①](upper echelons theory，UET)，该理论的精髓在于其强调企业战略决策的主体应该是 TMT 而非个体领导者。在 Hambrick 和 Mason 看来，个体领导者无法观察到企业内外环境的所有方面，因而其对内外环境的最终理解以及做出的最终抉择存在缺陷，而避免缺陷产生的办法就是团队决策。此外，他们呼吁在研究中应重点关注可观测的 TMT 特征，包括年龄、任期、职业背景、教育、财务状况等，由此推动了 TMT 的相关研究。

(1)高层梯队理论第一阶段：产生与发展。

传统战略管理理论是以经济理性假设为前提的，认为企业战略决策过程是一个追求经济效能最优化的纯粹的技术过程，并且战略决策者是同质的和完全理性的，因而具备做出最优战略决策的能力。高层梯队理论摒弃了传统战略管理理论的经济理性假设，认为有限理性假设更加符合实际，因为在面临高度复杂、高度不确定性、高动荡的环境时，决策者无法以完全理性来进行决策，而只能在其有限的智力理解范围内提出决策方案，正如 Cyert 和 March(1963)所认为的"复杂战略决策并不适用完全理性和最优原则，需要结合决策者的关键特质进行分析"[②]。

---

① Hambrick D C，Mason P A. Upper echelons：The organization as a reflection of its top managers[J]. Academy of Management Review，1984，9(2)：193-206.

② Cyert R M，March J G. A behavioural theory of the firm[M]. Englewood Cliffs：Prentice-Hall，1963.

　　高层梯队理论吸收了 Child(1972)的战略选择研究成果①,指出企业的发展依赖于经理人的战略选择。战略选择的各个阶段都受到经理人的爱好、偏见和性格等影响,从问题的发现与判断到决策方案的产生及选择,都留下了经理人各类特征的深深的印记。有限理性下的战略选择如图 2-1 所示。

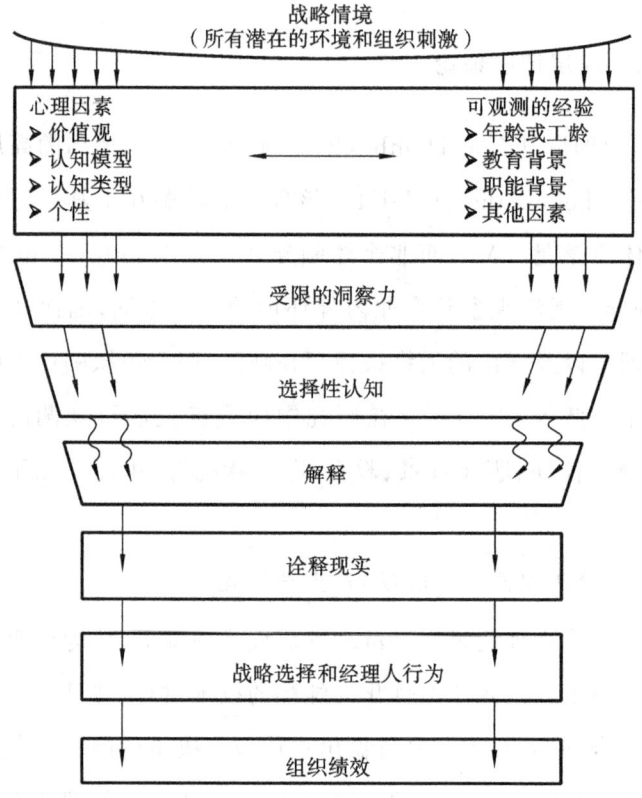

图 2-1　有限理性下的战略选择

　　资料来源:根据 Hambrick 和 Mason(1984)②、Finkelstein 和 Hambrick(1996)③、Cannella 和 Holcomb(2005)④等文献整理。

---

① Child J. Organizational structure, environment and performance: The role of strategic choice [J]. Sociology, 1972, 6(1):1-22.

② Hambrick D C, Mason P A. Upper echelons: The organization as a reflection of its top managers[J]. Academy of Management Review, 1984, 9(2):193-206.

③ Finkelstein S, Hambrick D C. Strategic leadership: Top executives and their effects on organizations[M]. Minneapolis: West Publishing, 1996.

④ Cannella A A, Holcomb T R. A multi-level analysis of the upper-echelons model[M]// Multi-Level Issues in Strategy and Methods. Leeds: Emerald Publishing Limited, 2005.

Hambrick 等人认为产业状况、竞争态势等外部环境并不是直接影响企业战略及相应绩效的,而均需通过作为战略决策者的经理人才能影响企业的战略和绩效,而传统战略管理理论对经理人的特质有所忽视,不知晓经理人的知识、偏好、价值观、熟悉领域等特质均对战略决策有着重要的影响。图 2-1 的最上边是高层管理人员面临的包括所有潜在的环境和组织刺激在内的战略情境,而决策过程是高管对这些刺激因子做出反应的过程。当面临这些战略情境时,高管对战略环境信息进行层层过滤与处理,包括从信息收集到信息筛选时的选择性认知,再到对信息的解释,进而得到一个容易理解的"事实",并根据这些"事实"做出战略选择进而影响组织绩效。

Hambrick 和 Mason(1984)的高层梯队理论研究模型如图 2-2 所示,对于模型中难以测量的认知、价值观等心理特征,Hambrick 和 Mason 认为可借鉴关于团队人口特征的已有研究,用 TMT 人口统计学特征变量如年龄、教育背景、职业背景等替代 TMT 认知等心理特征变量,因为人口统计学特征变量能够在一定程度上反映心理特征,并能推断其对战略选择或组织绩效的影响。他们还认为关注 TMT 特征比只关注单个高管个体特征能够更好地预测战略选择或组织绩效,因而后续许多学者沿此思路进行了一系列的深入研究。

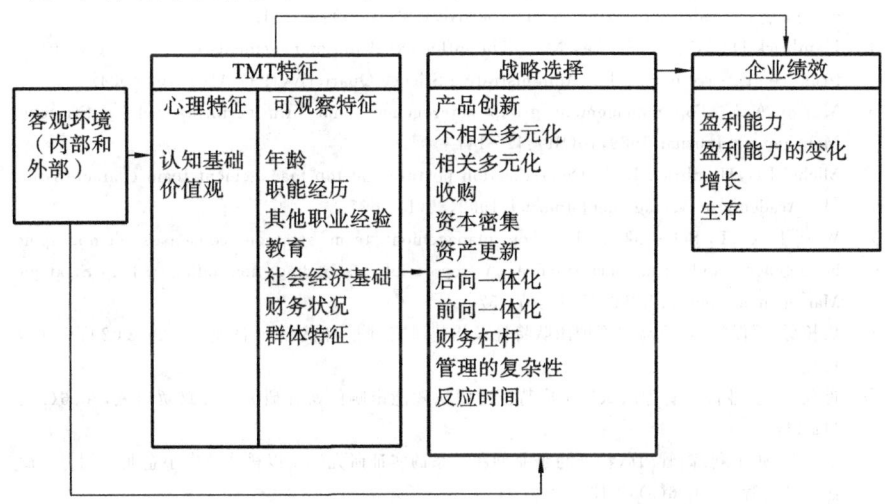

图 2-2 Hambrick 和 Mason(1984)的高层梯队理论研究模型

从高层梯队理论创立到 20 世纪 90 年代中期,学术界以 Hambrick 和 Mason(1984)的高层梯队理论研究模型为基础展开了大量研究,从研究结果来看,主要分为三种情况:一是特征的差异性与组织结果呈正相关关系[1][2][3][4];二是特征的差异性与组织结果呈负相关关系[5];三是两者没有关系[6][7]。

(2)高层梯队理论第二阶段:模型的修正。

相较于国外,国内学者对 TMT 的研究起步较晚,大致从 2003 年开始才陆续见到有相关的文献。这其中有一些学者开始结合中国的背景来围绕 TMT 人口统计学特征及其差异性对战略效果[8]、团队效能[9]、企业创新[10]、企业绩效[11]等进行研究,但总体而言,这些研究基本遵循了国外高层梯队理论第一阶段的研究思路。然而这些研究也并没有得到一致的结论。研究者们开始反思研究结果出现不一致的原因并逐渐认识到:人口统计学特征并非理论假设中的心理与行为过程的有效替代变

[1] Haleblian J, Finkelstein S. Top management team size, CEO dominance, and firm performance:The moderating roles of environmental turbulence and discretion[J]. Academy of Management Journal,1993,36(4):844-863.

[2] Norburn D,Birley S. The top management team and corporate performance[J]. Strategic Management Journal,1988,9(3):225-237.

[3] Wiersema M F, Bantel K A. Top management team demography and corporate strategic change[J]. Academy of Management Journal,1992,35(1):91-121.

[4] Hambrick D C, Cho T S, Chen M J. The influence of top management team heterogeneity on firms' competitive moves[J]. Administrative Science Quarterly,1996,41(4):659-684.

[5] Murray A I. Top management group heterogeneity and firm performance [J]. Strategic Management Journal,1989,10(S1):125-141.

[6] Michel J G,Hambrick D C. Diversification posture and top management team characteristics [J]. Academy of Management Journal,1992,35(1):9-37.

[7] West Jr C T, Schwenk C R. Top management team strategic consensus, demographic homogeneity and firm performance: A report of resounding nonfindings [J]. Strategic Management Journal,1996,17(7):571-576.

[8] 焦长勇,项保华.企业高层管理团队特性及构建研究[J].自然辩证法通讯,2003(2):57-62,111.

[9] 肖久灵. 企业高层管理团队的组成特征对团队效能影响的实证研究[J].财贸研究,2006(2):112-117.

[10] 李华晶,张玉利.高管团队特征与企业创新关系的实证研究——以科技型中小企业为例[J].商业经济与管理,2006(5):9-13.

[11] 张平. 高层管理团队的异质性与企业绩效的实证研究[J].管理学报,2007(4):501-508.

量;高层梯队理论研究模型预测是基于一个未经了解的中介过程,未能明晰特征是通过何种机制影响组织绩效的;缺乏对团队互动过程的深入探究,而只有深入团队的互动过程中去,才能了解高管在决策中的互动情况,从而才有可能有针对性地进行团队决策优化,从而更加具体地指导管理实践。在以往研究基础上,Carpenter 等(2004)[①]提出了解决上述困境的高层梯队理论修正模型,如图 2-3 所示。

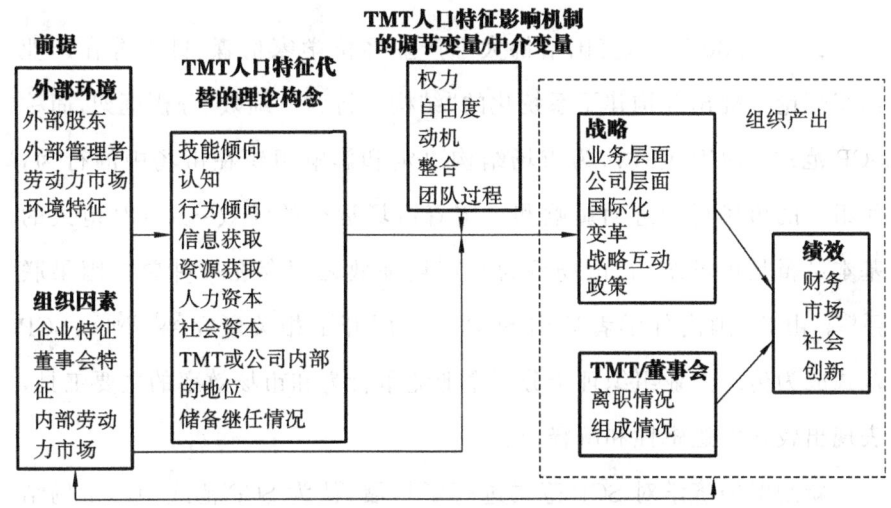

图 2-3　Carpenter 等人提出的高层梯队理论修正模型

与 Hambrick 和 Mason(1984)的模型相比,修正模型加入了中介变量和情境变量,尝试解决以往 TMT 研究结果不一致的问题,高层梯队理论第二阶段的系列研究也基本按照此修正模型展开。不难看出第二阶段的高层梯队理论修正模型重新吸纳了传统战略管理理论对内外部情境性影响因素的关注,通过内外部情境因素的调节来改善高层梯队理论以增强现实研究中的解释力和研究结果的稳定性,此外还考虑了高管团队或董事会的成员变更、构成对企业战略和企业绩效的影响。

高层梯队理论系统地将 TMT 的人口统计学特征和团队互动过程与企业的战略选择和企业绩效联系起来,对以后的 TMT 研究产生了深远的影响,被广泛应用于 TMT 的研究中,尤其是用于探究 TMT 相关的能力和行为如何影响企业战略选择与组织绩效,也为解释 TMT 重组与企业战略变革的关系提供了理论支撑。

2.2.2 结构—行为—绩效理论

20 世纪 30 年代,美国哈佛大学产业经济学家梅森、贝恩等在产业组织理论中提出并构建了系统化的"结构—行为—绩效"分析框架,简称 SCP 范式。SCP 范式认为市场结构决定和影响组织在市场中的行为,而组织的市场行为进而影响和决定着市场运行的绩效[①]。SCP 范式的基本逻辑是市场结构、市场行为和市场绩效之间存在一种单向因果联系[②]。由此,国内外学者运用 SCP 范式展开了相关研究[③④⑤⑥⑦],SCP 范式成为传统产业组织理论分析企业竞争行为和市场效率的主要工具,表现出较强的逻辑性和解释力。

新制度经济学对 SCP 范式进行了扩展,认为 SCP 范式中的市场结构可拓展到组织结构、产权结构等方面,因为 SCP 范式的内在逻辑是组织结构通过激励和约束机制不断调整行为主体的经济行为进而对组织绩效

① Weiss L W. The structure-conduct-performance paradigm and antitrust[J]. University of Pennsylvania Law Review,1979,127(4):1104-1140.

② McWilliams A,Smart D L. Efficiency v. structure-conduct-performance:Implications for strategy research and practice[J]. Journal of Management,1993,19(1):63-78.

③ Sforzi F. The industrial district and the "new" Italian economic geography[J]. European Planning Studies,2002,10(4):439-447.

④ Pan J,Qin X Z,Li Q,et al. Does hospital competition improve health care delivery in China? [J]. China Economic Review,2015,33:179-199.

⑤ 江澜.基于 SCP 分析框架的中国银行业结构与绩效分析[J].福建论坛(人文社会科学版),2012(8):72-76.

⑥ 曹阳,洪亮,宋文,等.中国生物医药产业 SCP 分析[J].中国新药杂志,2013,22(4):411-416,451.

⑦ 兰小林,庄天慧.基于 SCP 分析的草莓流通渠道:冲突、选择、绩效——以成都市双流县为例[J].农村经济,2014(6):65-68.

产生影响①②,这为从制度视角研究组织绩效问题提供了新思路与启示。

本研究将 SCP 范式中的"结构"进一步扩展到团队层面的认知结构,认为 TMT 共享心智模型作为团队认知的心理表征与团队互动过程的动态潜结构,是 TMT 行为背后的驱动因素,其发展会影响 TMT 行为进而对企业绩效产生影响,因而沿 TMT 共享心智模型—TMT 行为—企业绩效的逻辑链展开 TMT 共享心智模型对企业绩效的影响机制研究也符合 SCP 范式的结构—行为—绩效的分析框架,既深化了团队认知行为理论,也为 TMT 共享心智模型对企业绩效的影响机制提供了新的证据,有助于揭开 TMT 特征与组织绩效的黑箱。

2.2.3 团队生命周期理论

随着社会分工日趋细化,团队合作显得越来越重要,团队的工作方式已成为组织工作的常态。许多研究组织的学者都认为团队犹如有机的生命体,也会经历一个形成、发展和衰落的过程。学者塔克曼(1965)提出的"小型团队的发展阶段"模型被视为团队生命周期研究的开始。塔克曼群体生命周期的五阶段划分(包含组建期、震荡期、规范期、执行期和解散期)得到了学者的广泛认可③,在此基础上,学者们开始从不同角度对团队生命周期展开探讨。Katzenbach 与 Smith(1992)绘出了团队业绩图,描述了不同团队特质与团队绩效之间的关系④;斯蒂文·雷纳(1999)提出了与生命周期相对应的团队领导权力变化周期⑤。国内

---

① 何一鸣,罗必良.产权管制、制度行为与经济绩效——来自中国农业经济体制转轨的证据(1958—2005 年)[J].中国农村经济,2010(10):4-15.
② 赵微,吴诗嫚."结构—行为—绩效"框架下农地整理的管护绩效研究[J].长江流域资源与环境,2016,25(2):249-256.
③ Tuckman B W. Developmental sequence in small groups[J]. Psychological Bulletin,1965,63(6):384-399.
④ Katzenbach J R,Smith D K. The wisdom of teams:Creating the high-performance organization[M]. Boston:Harvard Business School Press,1992.
⑤ 斯蒂文·雷纳.团队的陷阱[M].侯亚峰,章宜华,译.广州:广东经济出版社,1999.

学者把视角转向了虚拟团队、项目团队等团队类型上，提出了与之相适应的团队生命周期管理模式（陈春花、叶飞，2002；詹一虹、苏睿，2006）①②等。这些研究为我们研究 TMT 生命周期提供了有益借鉴。对于团队生命周期阶段的划分，研究者基本形成了共识，即大家都认为团队研究主要是对存续期间的团队进行研究，因而没必要考虑团队解散阶段或消亡阶段的状况，所以，一般将团队生命周期阶段分为团队形成（初创）期、团队震荡（磨合）期、团队规范（成长）期、团队执行（成熟）期四个阶段。

与其他生命周期理论相比，团队生命周期理论的研究显得相对滞后，所以该理论尚未在团队领导管理与实践中得到广泛应用，因而基于团队生命周期视角的 TMT 研究也不多见，在少数有关 TMT 生命周期的研究中，Kilduff 等（2000）认为 TMT 认知多样性对企业绩效的影响随着 TMT 生命周期的演进将变得越来越清晰③；Beckman 等（2008）考察了公司从创业到上市过程中 TMT 演变的路径④；刘兵和李嫄（2008）从团队生命周期视角对企业 TMT 的演进过程进行了研究，提出了面向生命周期的企业 TMT 演进过程中各个阶段的概念模型⑤；熊斌和葛玉辉（2014）构建了基于团队生命周期的高管团队共享心智模型的绩效过程机制模型⑥；Malý 和 Velinov（2016）分析了组织生命周期在 TMT 异质性与公司绩效之间起到的调节作用⑦；张怡等（2017）运用模糊模式识

① 陈春花,叶飞.科研团队生命周期管理的理论框架研究[J].科技管理研究,2002(3):83-86.

② 詹一虹,苏睿.虚拟团队管理的生命周期模式分析[J].科技进步与对策,2006(12):104-107.

③ Kilduff M, Angelmar R, Mehra A. Top management-team diversity and firm performance: Examining the role of cognitions[J]. Organization Science,2000,11(1):21-34.

④ Beckman C M, Burton M D. Founding the future: Path dependence in the evolution of top management teams from founding to IPO[J]. Organization Science,2008,19(1):3-24.

⑤ 刘兵,李嫄.面向生命周期的企业 TMT 演进过程研究[J].改革与战略,2008(5):132-134.

⑥ 熊斌,葛玉辉.基于团队生命周期的高管团队共享心智模型的绩效过程机制研究[J].现代管理科学,2014(9):96-98.

⑦ Malý M, Velinov E. Top management team diversity and company performance: The moderating effect of organization life cycle[J]. Journal of Eastern European and Central Asian Research,2016,3(2):1-11.

别的方法对 TMT 生命周期进行了判定研究[①];Tanikawa 等(2017)在研究 TMT 异质性对公司绩效的影响时,也强调未来应开展生命周期的纵向研究[②];宋美、葛玉辉和胡钟慧(2018)对科技型企业不同生命周期阶段 TMT 隐性特征异质性对战略决策速度的影响展开了研究,研究结果表明,隐性特征异质性对战略决策速度有显著负向影响,团队氛围越好,隐性特征异质性对战略决策速度的负向影响越弱,并且团队氛围对战略决策速度的正向影响从形成期到规范期逐渐增强等[③]。尽管这些研究对团队生命周期视角下企业 TMT 的演进机理、绩效机制等问题还有待进一步探讨,但它们为考察 TMT 生命周期奠定了研究基础。

2.2.4　认知行为理论

认知行为理论是在行为主义理论与认知理论的基础上整合而成的。行为主义强调外界刺激对行为的影响,经历了以 Watson 为代表的早期行为主义和以 Tolman 为代表的新行为主义两个阶段。Watson 强调行为是机体对外界刺激的机械反射,着重强调外界刺激及其与人的行为之间的直接联系[④]。而认知理论认为人的行为受人对当前事物认知的影响,该理论特别强调人对外界环境的解读与感知,并认为若要改变人的行为就必须改变人的认知[⑤]。以 Tolman 为代表的新行为主义者修正了 Watson 的观点,强调外界刺激与行为之间存在认知等中间心理变量,即"外界刺激—认知—行为"模式,在行为主义理论和认知理论的基础上提出了认知行为理论。认知行为理论主张对行为的原理做出解释,反对把

① 张怡,葛玉辉,刘凯.基于模糊模式识别的高管团队生命周期的判定研究[J].科技与经济,2017,30(5):61-65.

② Tanikawa T,Kim S,Jung Y. Top management team diversity and firm performance:exploring a function of age[J]. Team Performance Management,2017,23(3-4):156-170.

③ 宋美,葛玉辉,胡钟慧. TMT 隐性特征异质性对战略决策速度的影响——基于科技型企业团队生命周期的实证研究[J].科技管理研究,2018,38(18):107-115.

④ Watson. 行为主义的心理学[J]. 臧玉诠,译. 上海:商务印书馆,1925.

⑤ Shaffer. 发展心理学——儿童与青少年[M]. 邹泓,等译. 北京:中国轻工业出版社,2005.

"刺激—反应"作为描述和解释行为的手段,阐明了人的行为是环境、个体、行为三方面共同作用的结果,而这三方面因素的背后其实就是人的认知能力与结果。此外,认知行为理论强调认知是行为的基础,人们的认知、信念决定其偏好,进而决定其在行为决策中所持的态度及决策意见。

2.3.1 TMT 的研究现状

国内外学术界对高管团队（TMT）的研究主要源于 Hambrick 和 Mason(1984)提出的高层梯队理论[①],其核心思想为企业绩效是企业核心管理团队的特征和行动的反映。高层梯队理论的主要指导意义表现为其系统地将 TMT 的人口统计学特征和互动行为特征与企业的战略选择和企业绩效联系起来,对以后的 TMT 研究产生了深远的影响。学术界对于 TMT 的研究大致可以划分成两个阶段,即 TMT 研究第一阶段和 TMT 研究第二阶段,以下分别予以阐述。

（1）TMT 研究第一阶段。

高层梯队理论提出之初就强调 TMT 决策行为背后的认知是战略决策与企业绩效的决定性因素。TMT 初始的研究思路也是以 TMT 认知等不易测量的心理特征变量为取向的,因为众多研究者都认同 TMT 认知等心理特征决定了战略决策过程及其对应的绩效结果。鉴于 TMT 认知等隐性特征难以直接测量,研究者前期走的是"曲线研究"的路子,即绕开 TMT 认知等心理变量而借助于 TMT 人口统计学特征变量。在研究者看来,一方面,相较于心理变量,人口统计学变量被认为是更加客观和更容易测量的变量[②][③];另一方面,这一阶段研究

---

① Hambrick D C, Mason P A. Upper echelons: The organization as a reflection of its top managers[J]. Academy of Management Review,1984,9(2):193-206.

② Pfeffer J. Organizational demography[J]. Research in Organizational Behavior,1983,5:299-357.

③ Wiersema M F, Bantel K A. Top management team demography and corporate strategic change [J]. Academy of Management Journal,1992,35(1):95-121.

的前提假设是认为 TMT 人口统计学特征可以作为 TMT 认知的有效替代,尽管这种替代并不完整和准确。因此,研究者一般都转向研究高层管理人员的职业背景、所在行业和企业任职期限、教育背景等人口特征变量与战略决策制定和组织绩效的关系上来①②。在此过程中,研究者们也关注 TMT 人口统计学特征的差异性,一个普遍的假设就是 TMT 人口统计学特征的差异性代表了 TMT 潜在或隐性认知过程的变化,进而这种差异性可能会对团队和组织绩效产生重要影响。于是一些学者将研究重点转移到 TMT 人口统计学特征的差异性上来。研究结果表明,TMT 人口统计学特征的差异性对于团队或组织来说既有利也有弊,有利的一面是 TMT 人口统计学特征的差异性被看作一种竞争优势,因为少数人的异质性观点可以激发团队对不明选择的全面思考,并且异质性团队比同质性团队往往更具创造力③;不利的一面是 TMT 人口统计学特征的差异性与离职率④、更低频率的沟通相关⑤。

相较于国外的研究,国内学者对 TMT 的研究起步较晚,大致从 2003 年开始才陆续见到有相关的理论综述和研究文献。一些学者基于国内背景围绕 TMT 人口统计学特征及其差异性对战略效果⑥、团队效能⑦、企

---

① Finkelstein S, Hambrick D C. Strategic leadership: Top executives and their effects on organizations[M]. Minneapolis: West Publishing,1996.

② 葛玉辉. 高管团队认知与组织绩效作用机制的研究拓展[J]. 企业经济,2009(8):5-8.

③ Hambrick D C, Cho T S, Chen M J. The influence of top management team heterogeneity on firm's competitive moves [J]. Administrative Science Quarterly,1996,41(4):659-684.

④ Jackson S E. Consequence of group composition for the interpersonal dynamics of strategic issue processing[J]. Advances in Strategic Management,1992,8(3):345-382.

⑤ Lawrence B S. Perspective—The black box of organizational demography[J]. Organization Science,1997,8(1):1-22.

⑥ 焦长勇,项保华. 企业高层管理团队特性及构建研究[J]. 自然辩证法通讯,2003(2):57-62, 111.

⑦ 肖久灵. 企业高层管理团队的组成特征对团队效能影响的实证研究[J]. 财贸研究,2006(2): 112-117.

业创新[①]、高管离职[②]、企业成长[③]、企业社会资本[④]等方面进行了研究，丰富和完善了 TMT 研究成果。

尽管 TMT 人口统计学特征与战略决策和组织绩效之间存在潜在的联系[⑤]，但人口统计学特征与战略决策和组织绩效的关系并不稳定，而且经常是相互矛盾的[⑥]。这些不稳定甚至相互矛盾的结果引发了学界的思考，原因剖析认为将 TMT 人口统计学特征作为 TMT 认知心理特征等隐性特征变量的有效替代的假设过于简单，与客观实际并不相符。Smith 等（1994）总结以往研究指出，团队人口统计学特征、团队互动过程和组织绩效之间不是直接的关系或者不是学者们先前认为的那样简单的关系，这点逐渐被学者意识到并取得共识[⑦]。同质的人口统计学特征并不必然产生同质的态度、信仰或价值观。人口统计学特征指标的使用使得我们难以认清驱动高管行为的真实心理和社会过程，这也就是 TMT 特征研究中出现的"黑匣子"问题。

（2）TMT 研究第二阶段。

寄希望采用 TMT 人口统计学特征代替 TMT 认知等隐性特征的研究路径被实践证明是行不通的，而直接研究 TMT 认知又遇到了上述

① 李华晶,张玉利.团队特征与企业创新关系的实证研究——以科技型中小企业为例[J].商业经济与管理,2006(5):9-13.
② 张龙,刘洪.高管团队中垂直对人口特征差异对高管离职的影响[J].管理世界,2009(4):108-118.
③ 黄昕,李常洪,薛艳梅.高管团队知识结构特征与企业成长性关系——基于中小企业板块上市公司的实证研究[J].经济问题,2010(2):89-94.
④ 张进华,袁振兴.高管团队特征与企业社会资本形成的关系研究[J].财会月刊,2011(3):34-38.
⑤ Bantel K A,Jackson S E. Top management and innovations in banking:Does the composition of the top team make a difference? [J]. Strategic Management Journal,1989,10(S1):107-124.
⑥ Lawrence B S. Perspective—The black box of organizational demography [J]. Organization Science,1997,8(1):1-22.
⑦ Smith K G,Smith K A,Olian J D,et al. Top management team demography and process:The role of social integration and communication[J]. Administrative Science Quarterly,1994,39(3):412-438.

一系列难题,于是研究者们开始寻找研究的出路,Hambrick(2007)[①]、Cannella 等(2008)[②]等发现人口统计学特征及其差异性对组织产出的影响是具有情境性的,也就是说人口统计学特征的差异性对战略决策及绩效的影响受情境变量的调节。为此,一些学者加入了许多情景变量来尝试破解上述研究困境。Hambrick(2007)总结了核心的四类情景变量:管理自由度、工作要求、权力配置状况和行为整合状况[③]。Goll 等(2008)[④]研究发现,管理自由度在 TMT 特征与绩效之间的关系中起到了调节作用,并且随着管理自由度的上升,CEO 对战略决策和运营过程的决定权会日趋强化,个人认知模式就能在企业战略选择和绩效上得到更加充分的体现;高管的工作要求直接对高管的战略决策行为产生影响,也就是说,严格的工作要求会使高管积极使用过往的经验阅历以快速做出决策,而在宽松的工作要求下高管则可以集思广益,制定全面细致的战略决策。Awino 等(2013)探讨了参与文化与管理策略多样化在TMT 异质性与组织绩效关系之间的调节作用[⑤];Dai 等(2019)研究发现,创业型 TMT 领导者的变革型领导风格显著调节了 TMT 的外向性、尽责性、开放性与新企业绩效之间的关系[⑥];Dahms 和 Kingkaew(2019)的研究表明,TMT 异质性可以对子公司绩效产生贡献或损害,

① Hambrick D C. Upper echelons theory:An update[J]. Academy of Management Review,2007,32(2):334-343.

② Cannella A A,Park J H,Lee H U. Top management team functional background diversity and firm performance:Examing the roles of team member colocation and environmental uncertainty[J]. Academy of Management Journal,2008,51(4):768-784.

③ Hambrick D C. Upper echelons theory:An update[J]. Academy of Management Review,2007,32(2):334-343.

④ Goll I,Johnson N B,Rasheed A A. Top management team demographic characteristics,business strategy,and firm performance in the US airline:The role of managerial discretion[J]. Management Decision,2008,46(2):201-222.

⑤ Awino Z B. Top management team diversity,quality decisions and organizational performance in theservice industry[J]. Journal of Management and Strategy,2013,4(1):113-123.

⑥ Dai S L,Li Y,Zhang W. Personality traits of entrepreneurial top management team members and new venture performance[J]. Social Behavior and Personality:An international journal,2019,47(7):1-15.

这也取决于其他因素,如组织网络实力、竞争力以及母公司所在国和东道国之间的文化差异等①。

　　大致从 2006 年开始,国内学者也开始研究情境变量的调节作用。叶佳佳等(2006)对外部环境因素在高管团队构成与战略决策结果之间起到的调节作用进行了定性分析②。刘军等(2007)在研究成员间价值观共享对冲突的影响作用时,探讨了企业环境变量对 TMT 冲突的调节效应③。贺远琼等(2009)采用元分析方法围绕 TMT 特征与企业绩效的关系展开研究,结果表明国家、行业特征是两个重要的调节变量,是导致现有 TMT 研究结果差异的重要原因④。黄越等(2011)考察了我国经济转型背景下股权集中度在 TMT 异质性与企业绩效的关系中起到的调节作用⑤。李绍龙等(2012)探讨了行业特征在 TMT 薪酬差异与企业绩效关系之间的跨层调节作用⑥。叶红雨和陈恬(2016)探讨了高管激励在高管团队特征与企业研发投入之间的关系中起到的调节作用⑦。朱晋伟和彭瑾瑾(2017)研究发现企业国际化程度对 TMT 平均年龄、平均教育程度、教育程度差异、任期差异与企业绩效之间的关系起显著调节作用⑧。

　　总的来说,尽管情境调节变量的加入在某种程度上弥补了 TMT 人口统计学特征方法的一些缺陷,但研究仍未触及团队行为背后的 TMT

① Dahms S, Kingkaew S. A configurational perspective on subsidiary top management team national diversity and performance[J]. Personnel Review,2019,48(6):1507-1529.

② 叶佳佳,邬亮,戴伟辉.企业高层管理团队的决策失误研究[J].科学学与科学技术管理,2006(6):140-144.

③ 刘军,李永娟,富萍萍.高层管理团队价值观共享、冲突与绩效:一项实证检验[J].管理学报,2007(5):644-653.

④ 贺远琼,杨文,陈昀.基于 Meta 分析的高管团队特征与企业绩效关系研究[J].软科学,2009(1):12-16,24.

⑤ 黄越,杨乃定,张宸璐.高层管理团队异质性对企业绩效的影响研究——以股权集中度为调节变量[J].管理评论,2011,23(11):120-125,168.

⑥ 李绍龙,龙立荣,贺伟.高管团队薪酬差异与企业绩效关系研究:行业特征的跨层调节作用[J].南开管理评论,2012,15(4):55-65.

⑦ 叶红雨,陈恬.高管团队特征对企业研发投入影响的研究——基于高管激励的调节作用[J].技术与创新管理,2016,37(2):177-182.

⑧ 朱晋伟,彭瑾瑾.高管团队特征对企业绩效的影响研究——基于国际化程度的调节效应[J].软科学,2017,31(6):81-85,95.

认知机制,因而也就没有得出可推广的更具一般性的结论。

当然,在 TMT 研究过程中,一些学者也意识到 TMT 人口统计学特征与企业绩效之间并非简单的直接相关,企业绩效更有可能受到冲突、信任、信息沟通、凝聚力等团队互动过程变量的影响,并且这些变量可能比 TMT 人口统计学特征变量对战略决策和企业绩效具有更为直接的影响。为此,一些学者开始将研究视角聚焦到 TMT 互动过程上来,概括来说主要包括三个方面。

其一,一些学者直接研究沟通、凝聚力、冲突等团队互动过程变量对 TMT 决策行为及企业绩效的影响。Peterson 等(1999)提出了组织群体动力特征理论,概括了 TMT 团队凝聚力与帮派等 8 项行为动态过程特征,为后续研究凝聚力、冲突等过程变量对决策行为及企业绩效的影响奠定了理论基础[①];王国锋等(2007)[②]、Zhu(2013)[③]等研究了 TMT 内聚力、冲突、沟通等团队互动过程及其对绩效的影响;Parayitam 和 Dooley(2009)对冲突和信任在战略决策中的作用机制进行了深入研究[④];Camelo-Ordaz 等(2015)深入分析了 TMT 冲突对企业创新的影响[⑤];Jonsson(2015)[⑥]、Chen 等(2017)[⑦]等学者强调认知冲突、团队凝聚

---

① Peterson R S, Owens P D, Martorana P V. The group dynamics q-sort in organizational research: A new method for studying familiar problems[J]. Organizational Research Methods, 1999,2(2):107-139.

② 王国锋,李懋,井润田. 高管团队冲突、凝聚力与决策质量的实证研究[J]. 南开管理评论,2007 (5):89-93,111.

③ Zhu Y. The impact of management team process on corporate social responsibility and firm performance[J]. Frontiers of Business Research in China,2013,7(2):268-288.

④ Parayitam S,Dooley R S. The interplay between cognitive- and affective conflict and cognition- and affect-based trust in influencing decision outcomes[J]. Journal of Business Research,2009, 62(8):789-796.

⑤ Camelo-Ordaz C,García-Cruz J,Sousa-Ginel E. The influence of top management team conflict on firm innovativeness[J]. Group Decision and Negotiation,2015,24:957-980.

⑥ Jonsson S. Entrepreneurs' network evolution—The relevance of cognitive social capital[J]. International Journal of Entrepreneurial Behavior & Research,2015,21(2):197-223.

⑦ Chen M H, Chang Y Y, Chang Y C. The trinity of entrepreneurial team dynamics:Cognition, conflicts and cohesion[J]. International Journal of Entrepreneurial Behavior & Research,2017, 23(6):934-951.

力、沟通等团队互动动力特征对决策行为及企业绩效的影响。

其二，一些学者研究团队互动过程变量在 TMT 人口统计学特征异质性与战略决策及企业绩效之间所起的中介作用。O'Reilly 等(1993)的研究发现，TMT 人口统计学特征同质性导致更有效的团队互动过程，进而使得企业对环境变化更具有适应力[①]；Smith 等(1994)认为，团队互动过程在 TMT 人口计学特征异质性与企业绩效之间起中介作用[②]；Milliken 和 Martins(1996)认为，TMT 人口统计学特征异质性是一把双刃剑，只有通过团队互动过程才能抵御 TMT 人口统计学特征异质性的负面影响效应，进而提高组织产出[③]；Knight 等(1999)的研究表明，TMT 人口统计学特征异质性与决策一致性之间存在两个干预过程，即人际关系冲突和一致性意见寻求行为，二者在 TMT 人口统计学特征异质性与决策一致性之间起中介作用[④]；Michie 等(2002)的研究表明，TMT 人口统计学特征异质性通过团队合作行为对战略决策质量产生正向影响[⑤]；Cai 等(2013)的研究表明，TMT 冲突在 TMT 异质性与新创企业绩效之间起中介作用[⑥]；Roh 等(2019)的研究表明，信息交流在 TMT 异质性与企业绩效之间起中介作用[⑦]。

---

① O'Reilly C A,Snyder R C,Boothe J N. Effects of executive team demography on organizational change[C]//Huber G P,Glick W H. Organizational Change and Redesign:Ideas and Insights for Improving Performance. New York:Oxford University Press,1993.

② Smith K G,Smith K A,Olian J D,et al. Top management team demography and process:The role of social integration and communication [J]. Administrative Science Quarterly,1994,39(3):412-438.

③ Milliken F J,Martins L L. Searching for common threads:Understanding the multiple effects of diversity in organizational groups [J]. Academy of Management Review,1996,21(2):402-433.

④ Knight D,Pearce C L,Smith K G,et al. Top management team diversity,group process,and strategic consensus [J]. Strategic Management Journal,1999,20(5):445-465.

⑤ Michie S G,Dooley R S,Fryxell G E. Top management team heterogeneity,consensus,and collaboration:A moderated mediation model of decision quality [J]. Academy of Management Proceedings,2002(1): L1-L6.

⑥ Cai L,Liu Q,Yu X Y. Effects of top management team heterogeneous background and behavioural attributes on the performance of new ventures [J]. Systems Research and Behavioral Science,2013(3):354-366.

⑦ Roh H,Chun K,Ryou Y. Opening the Black Box:A meta-analytic examination of the effects of top management team diversity on emergent team processes and multilevel contextual influence [J]. Group& Organization Management,2019,44(1):112-164.

其三,一些学者围绕 Hambrick(1994)提出的"行为整合"概念开始进行探索研究。因为在 Hambrick 看来,TMT 是一个特殊群体,其互动过程不同于一般人际交往过程,仅从单一过程维度很难捕捉其内在的复杂性和动态性,而行为整合强调合作行为、信息交换、共同决策等相互关联的过程,能更好地捕捉 TMT 显著特征并且有效预测企业绩效[①]。Simsek 等(2005)验证了 TMT 行为整合对企业绩效或组织产出的影响作用[②];姚振华和孙海法(2010)对 TMT 组成特征与行为整合关系进行了研究[③];Carmeli 等(2011)认为 CEO 授权领导提高了 TMT 行为整合与效能并进而提高了企业绩效[④];Gu 等(2016)探讨了 TMT 行为整合在 TMT 内部社会资本与战略决策速度之间起的中介作用[⑤];Jahanshahi 等(2017)认为高度行为整合的 TMT 为其团队成员提供了更多的创新机会并更有可能参与面向可持续发展的行动[⑥];Araujo-Cabrera (2017)探讨了 TMT 行为整合在 CEO 开放性与企业绩效之间起的中介作用[⑦]。

这些研究实现了从对 TMT 人口统计学特征的静态分析到探索

① Hambrick D C. Top management groups:A conceptual integration and reconsideration of the "team" label [J]. Research in Organizational Behavior,1994(16):171-214.

② Simsek Z,Veiga J F,Lubatkin M H,et al. Modeling the multilevel determinants of top management team behavioral integration [J]. Academy of Management Journal,2005,48(1):69-84.

③ 姚振华,孙海法. 高管团队组成特征与行为整合关系研究[J].南开管理评论,2010,13(1):15-22.

④ Carmeli A,Schaubroeck J,Tishler A. How CEO empowering leadership shapes top management team processes:Implications for firm performance [J]. The Leadership Quarterly,2011,22(2):399-411.

⑤ Gu J J,Xie F H,Wang X S,et al. Relationship between top management team internal social capital and strategic decision-making speed:The intermediary role of behavioral integration[J].Kybernetes,2016,45(10):1617-1636.

⑥ Jahanshahi A A,Brem A. Sustainability in SMEs:Top management teams behavioral integration as source of innovativeness[J].Sustainability,2017,9(10):1899.

⑦ Araujo-Cabrera Y,Suarez-Acosta M A,Aguiar-Quintana T. Exploring the influence of CEO extraversion and openness to experience on firm performance:The mediating role of top management team behavioral integration[J].Journal of Leadership & Organizational Studies,2017,24(2):201-215 .

TMT 互动过程的转变,因而可以看作 TMT 第二阶段研究的进一步深入,TMT 特征研究在团队互动过程方面的探讨已初步形成思维框架,但总的来说,研究还有待进一步深入。

上述人口统计学特征或团队互动过程取向的 TMT 研究模式并未触及 TMT 的认知机制,TMT 研究仍需要回到 TMT 认知研究上来逐渐成为学界的共识。随着认知心理学的发展,近年来也欣喜地看到研究 TMT 认知的学者日渐增加,其研究主要探讨了 TMT 注意力、TMT 共享心智模型、TMT 认知多样性、TMT 认知冲突、TMT 认知能力、TMT 认知异质性等 TMT 认知因素对企业战略、企业创新及企业绩效的影响。这些成果无疑为我们研究 TMT 认知奠定了良好的基础,但总的来说,这些研究探索始终仍未揭开 TMT 认知这个具有决定性意义的"黑匣子",这也就为后续的研究留出了探索的空间。

2.3.2　共享心智模型的研究现状

"心智模型"一词最早出现在苏格兰心理学家 Craik(1943)的《解释的本质》一书中[①],在书中 Craik 认为人类所生存的系统中存在个体理解和看待周围事物的心智模型。共享心智模型的提出源于人们对团队工作实践的观察,团队在高效完成任务的过程中,往往存在一种心照不宣的默契而无需太多工作语言沟通,这实际上是团队工作中表现出来的一种团队心理表征。Cannon-Bowers 等首次对共享心智模型进行了解读,在他们看来,共享心智模型是团队成员共同拥有的知识结构,这种知识结构使得团队成员能对团队工作任务形成正确的解释和预期,从而协调自己的行为以适应团队工作任务和其他团队成员的需求[②]。回顾共享心智模型的研究脉络,学界对共享心智模型的研究路径主要包括以下几方面:

---

① Craik K J W. The nature of explanation[M]. Cambridge:Cambridge University Press,1943.

② Cannon-Bowers J A, Salas E, Converse S. Shared mental models in expert team decision making[J]. Individual and Group Decision Making,1993,221:221-246.

（1）共享心智模型的内涵研究。

共享心智模型内涵的理解是研究共享心智模型的前提。国内外一些学者对共享心智模型内涵进行了阐释。Klimoski 和 Mohammed（1994）认为共享心智模型是个体对团队、团队目标、团队过程信息等共享知识的表征[①]。Mohammed 和 Dumville（2001）在探讨知识团队的共享心智模型构建时，认为团队共享心智模型是指团队成员对于自身所处环境的共享的、有组织的认识和心理表征等[②]。杨正宇等（2003）认为在复杂的、动态的、模糊的"弱情境"下，团队共享心智模型可以使团队成员形成一种应对环境的共同理念和认知，为研究团队成员之间如何共享任务信息和相互期望的过程提供了一个很好的研究范式[③]。

随着共享心智模型研究的深入，一些学者拓展了共享心智模型概念的内涵。Kraiger 和 Wenzel（1997）[④]、Mohammed 等（2000）[⑤]、龙飞和戴昌钧（2007）[⑥]、徐寒易和马剑虹（2008）[⑦]认为共享心智模型的内容既包括团队知识结构，也包括态度和信念。Floren 等（2018）[⑧]认为共享心智模型既包含团队成员对任务或技术的一致性认识，如任务的目标、手段、所需技术设施等，又包含团队成员对互动模式的一致性认

---

① Klimoski R，Mohammed S. Team mental model：Construct or metaphor? ［J］. Journal of Management，1994，20（2）：403-437.

② Mohammed S，Dumville B C. Team mental models in a team knowledge framework：Expanding theory and measurement across disciplinary boundaries ［J］. Journal of Organizational Behavior，2001，22（2）：89-106.

③ 杨正宇，王重鸣，谢小云. 团队共享心理模型研究新进展［J］. 人类工效学，2003（3）：34-37.

④ Kraiger K，Wenzel L H. Conceptual development and empirical evaluation of measures of shared mental models as indicators of team effectiveness［C］//Team Performance Assessment and Measurement：Theory，Methods，and Applications. London：Psychology Press，1997.

⑤ Mohammed S，Klimoski R，Rentsch J R. The measurement of team mental models：We have no shared schema［J］. Organizational Research Methods，2000，3（2）：123-165.

⑥ 龙飞，戴昌钧. 基于组织共享心智模型的组织知识管理研究［J］. 情报杂志，2007（1）：81-85.

⑦ 徐寒易，马剑虹. 共享心智模型：分布、层次与准确性初探［J］. 心理科学进展，2008（6）：933-940.

⑧ Floren L C，Donesky D A，Whitaker E，et al. Are we on the same page? Shared mental models to support clinical teamwork among health professions learners：A scoping review［J］. Academic Medicine，2018，93（3）：498-509.

识,如角色职责、信息共享、交互方式,以及队友的知识、技能、爱好和习惯等。

总的来说,越来越多的研究者认为共享心智模型包含团队成员共同拥有的知识结构、态度和信念,它使得团队成员能对团队任务形成正确的解释和预期,协调各成员的行为以适应团队任务和其他团队成员的需求,进而提高组织绩效。

(2)共享心智模型形成的影响因素研究。

团队内外许多因素都会对共享心智模型的形成和发展带来影响,具体来说,可归纳为个体、团队和组织三个层面。个体层面主要体现为团队成员的人格特征及其差异性对共享心智模型的影响[1][2]。团队层面主要体现在团队任务及工作特征、团队构成、团队互动过程、团队领导及团队时间等方面对共享心智模型的影响[3][4][5][6]。值得一提的是,在影响共享心智模型的团队因素中,有些学者更强调团队互动过程的某些关键要素是共享心智模型形成的重要动力前因。这些关键要素包括团队自反性、团队凝聚力、有效沟通与认知冲突,这在以往共享心智模型构建文献中都存在相应的线索和支持。Konradt 等(2016)[7]、Gjeraa 等(2019)[8]、

[1] Resick C J. An investigation of the antecedents and consequences of shared mental motel in teams[D]. Detroit:Wayne State University,2004.

[2] 杜一菲.领导风格与团队人格特征对共享心智模型的影响[D].开封:河南大学,2007.

[3] Mathieu J E,Heffner T S,Goodwin G F,et al. The influence of shared mental models on team process and performance[J]. Journal of Applied Psychology,2000,85(2):273-283.

[4] 金杨华,王重鸣,杨正宇.虚拟团队共享心理模型与团队效能的关系[J].心理学报,2006(2):288-296.

[5] McComb S,Simpson V. The concept of shared mental models in healthcare collaboration[J]. Journal of Advanced Nursing,2014,70(7):1479-1488.

[6] Cassidy S A,Stanley D J . Getting from 'me' to 'we':Role clarity,team process,and the transition from individual knowledge to shared mental models in employee syads[J]. Canadian Journal of Administrative Sciences,2019,36(2):208-220.

[7] Konradt U, Otte K P, Schippers M C, et al. Reflexivity in teams:A review and new perrspectives[J]. Journal of Psychology,2016,150(2):153-174.

[8] Gjeraa K, Dieckmann P, Spanager L, et al. Exploring shared mental models of surgical teams in video-assisted thoracoscopic surgery lobectomy[J]. The Annals of Thoracic Surgery,2019,107(3):954-961.

Tesle 等(2018)[1]认为团队自反促进了共享心智模型的形成进而对团队绩效产生影响。Boies 和 Fiset(2018)认为团队成员沟通得越好,越有助于对团队的目标、任务及工作方式的共同理解,即就越有利于共享心智模型的形成[2]。Amason(1996)认为 TMT 认知冲突有助于产生多元价值观点,使高管团队成员对决策任务有更清晰的理解,从而促进 TMT 共享心智模型形成[3];熊斌等(2015)提出了共享心智模型构建导向的 TMT 互动动力特征包含团队凝集、有效沟通与认知冲突三个维度,并且验证了 TMT 互动动力特征在团队生命周期不同阶段存在显著差异[4];白新文和黄明权(2019)的研究表明,团队队长与上级部门领导之间的上下级任务冲突正向影响共享心智模型及团队绩效,而关系冲突则负向影响共享心智模型和团队绩效[5]。组织层面共享心智模型的影响因素主要集中在组织制度、文化气氛等方面[6]。

(3)共享心智模型结构的研究。

基于对共享心智模型内涵的不同解读,对共享心智模型构成维度的讨论和理解也存在不同的观点。一些学者试图明确共享心智模型的结构,但也认为团队任务的复杂多变和团队协同要求使得团队成员为了完

---

[1] Tesler R, Mohammed S, Hamilton K, et al. Mirror, mirror: Guided storytelling and team reflexivity's influence on team mental models[J]. Small Group Research,2018,49(3):267-305.

[2] Boies K, Fiset J. Leadership and communication as antecedents of shared mental models emergence[J]. Performance Improvement Quarterly, 2018,31(3):293-316.

[3] Amason A C. Distinguishing the effects of functional and dysfunctional conflict on strategic decision making:Resolving a paradox for top management teams[J]. Academy of Management Journal,1996,39(1):123-148.

[4] 熊斌,葛玉辉,陈思婷.高管团队共享心智模型构建导向的互动动力特征[J].商业研究,2015(4):154-163.

[5] 白新文,黄明权.与上司冲突总是有害吗? 上下级任务冲突和关系冲突对共享心智模型及团队绩效的差异化影响[J].中国人力资源开发,2019,36(12):6-21.

[6] 龙飞.基于组织共享心智模型的组织知识创新管理研究[D].上海:东华大学,2008.

成任务或目标可能同时存在多重心智模型[①②]。综合以往共享心智模型的相关研究,共享心智模型的结构主要分为二维结构、三维结构、四维结构三种类型。Mathieu 等(2000)[③]、Jo(2012)[④]、Cassidy 等(2019)[⑤]提出了共享心智模型的任务—团队两维度模型;Kraiger 和 Wenzel(1997)提出了共享心智模型的知识—行为—态度三维度模型[⑥],Webber 等(2000)提出了共享心智模型的陈述性知识结构、程序性知识结构和策略性知识结构三维度模型[⑦];徐寒易等(2008)提出了共享心智模型的同质—依赖型、同质—独立型、异质—依赖型和异质—独立型四维度模型[⑧]。从共享心智模型的二维、三维、四维三种类型结构的划分比较而言,三维结构的内容显得比较发散,在探讨共享心智模型及其对团队绩效或组织绩效的影响时很难达成共识;四维结构则显得过于烦琐,不够精练;而二维结构具有概念精简及适合测量分析的优势,因此共享心智模型的二维结构划分在探讨共享心智模型的众多研究中被普遍采用。

(4)共享心智模型与团队行为、团队效能及组织绩效关系的研究。

Mathieu 等(2000)通过实验研究表明,共享心智模型和团队沟通、

① Rouse W B,Morris N M. On looking into the black box:Prospects and limits in the search for mental models [J]. Psychological Bulletin,1986,100(3):349-363.
② Klimoski R,Mohammed S. Team mental model:Construct or metaphor? [J]. Journal of Management,1994,20(2):403-437.
③ Mathieu J E,Heffner T S,Goodwin G F,et al. The influence of shared mental models on team process and performance[J]. Journal of Applied Psychology,2000,85(2):273-283.
④ Jo I H. Shared mental models on the performance of e-learning content development teams[J]. Journal of Educational Technology & Society,2012,15(1):289-297.
⑤ Cassidy S A,Stanley D J. Getting from 'me' to 'we':Role clarity,team process,and the transition from individual knowledge to shared mental models in employee syads[J]. Canadian Journal of Administrative Sciences,2019,36(2):208-220.
⑥ Kraiger K,Wenzel L H. Conceptual development and empirical evaluation of measures of shared mental models as indicators of team effectiveness[C]//Team Performance Assessment and Measurement:Theory,Methods,and Applications. London:Psychology Press,1997.
⑦ Webber S S,Chen G,Payne S C,et al. Enhancing team mental model measurement with performance appraisal practices[J]. Organizational Research Methods,2000,3(4):307-322.
⑧ 徐寒易,马剑虹.共享心智模型:分布、层次与准确性初探[J].心理科学进展,2008(6):933-940.

团队协调等团队互动过程变量以及组织绩效之间均存在显著的正相关[①]；Marks等(2000)的实证研究证明,共享心智模型的相似性和准确性分别与组织绩效呈显著正向且独立的相关关系[②]；金杨华等(2006)用认同式和分布式心智模型研究了虚拟团队共享心智模型与团队效能的关系[③]；曹科岩和龙君伟(2009)指出团队共享心智模型通过团队成员间的知识分享行为对团队绩效产生影响[④]；王黎萤(2009)提出共享心智模型可以促进团队适应过程机制的形成,有助于成员间的合作与协调,以及成员对团队目标与任务形成比较一致的理解,方便团队成员顺利开展工作,进而影响组织绩效[⑤]；白新文等(2011)探讨了团队互依性在共享心智模型与团队绩效之间的调节作用[⑥]；熊斌等(2014)探讨了基于团队生命周期的高管团队共享心智模型的绩效过程机制[⑦]；项凯标(2014)探讨了动态环境下团队过程、共享心智模型和组织绩效的关系[⑧]；Santos等(2015)探讨了共享心智模型对团队冲突、创造力及绩效的影响[⑨]；Beck等(2019)的研究表明,对成员的培训有利于创建共享心智模型,并

---

① Mathieu J E, Heffner T S, Goodwin G F, et al. The influence of shared mental models on team process and performance[J]. Journal of Applied Psychology, 2000, 85(2):273-283.

② Marks M A, Zaccaro S J, Mathieu J E. Performance implications of leader briefings and team-interaction training for team adaptation to novel environments [J]. Journal of Applied Psychology, 2000, 85(6):971-986.

③ 金杨华,王重鸣,杨正宇.虚拟团队共享心理模型与团队效能的关系[J].心理学报,2006(2):288-296.

④ 曹科岩,龙君伟.团队共享心智模式对团队有效性的影响机制研究[J].科研管理,2009,30(5):155-161.

⑤ 王黎萤.研发团队创造气氛、共享心智模型与团队创造力研究[D].杭州:浙江大学,2009.

⑥ 白新文,刘武,林琳.共享心智模型影响团队绩效的权变模型[J].心理学报,2011,43(5):561-572.

⑦ 熊斌,葛玉辉.基于团队生命周期的高管团队共享心智模型的绩效过程机制研究[J].现代管理科学,2014(9):96-98.

⑧ 项凯标.动态环境下团队过程、共享心智模型和组织绩效关系研究——以山西某农村商业银行为例[D].北京:北京交通大学,2014.

⑨ Santos C M, Uitdewilligen S, Passos A M. Why is your team more creative than mine? The influence of shared mental models on intra-group conflict, team creativity and effectiveness[J]. Creativity And Innovation Mangement, 2015, 24(4):645-658.

且成员之间共享心智模型可以促进团队合作①。也有学者认为在工作团队中,通过共享心智模型可以预测绩效,并且随着时间的推移,共享心智模型对绩效的影响程度将出现差异②。

这些研究大多认为团队共享心智模型会影响团队成员间的沟通与交互过程,进而影响成员对团队目标和价值的认同,从而影响团队效能与组织绩效,这也是共享心智模型研究的核心主线。

2.3.3　研究述评

高层梯队理论提出之初就认为 TMT 决策行为背后的认知心理过程是战略决策和组织绩效的决定性因素,但过去囿于研究方法和条件,前期采取的是"曲线研究"的思路,主要沿着两条研究路径展开:其一是将 TMT 人口统计学特征作为 TMT 认知等心理特征的替代来展开 TMT 特征及其差异性对战略选择与组织绩效的影响研究,然而研究结果并不稳定甚至互相矛盾,虽有后续研究者尝试加入情境变量希望借此来消除上述困境,但收效甚微;其二是直接探讨 TMT 行为过程对决策行为及组织绩效的影响,但团队过程的研究仍处于起步阶段,缺乏更为系统深入的研究。研究者也开始反思,用 TMT 人口统计学特征来代替复杂的 TMT 认知过程并不可靠,TMT 人口统计学特征对组织绩效变异的解释力较为微弱;团队过程是外显的团队行为,TMT 行为背后的驱动因素是 TMT 认知,TMT 研究绕开 TMT 认知是行不通的。这些充分说明 TMT 研究还是要回归到高层梯队理论提出之初强调的对 TMT 认知作用的探讨上来。只有这样才能揭开 TMT 认知这个具有决

① Beck S, Doehn C, Funk H, et al. Basic life support training using shared mental models improves team performance of first responders on normal wards: A randomised controlled simulation trial[J]. Resuscitation, 2019, 144: 33-39.

② Peterson E, Mitchell T R, Thompson L, et al. Collective efficacy and aspects of shared mental models as predictors of performance over time in work groups[J]. Group Processes and Intergroup Relations, 2000, 3(3): 296-316.

定性意义的"黑匣子",TMT 特征与组织结果关系不稳定的研究困境也才有望得到破解。

共享心智模型作为团队认知的心理表征是团队行为及过程背后的潜结构,处于团队认知研究的前沿地位。研究者从共享心智模型的内涵、影响因素、结构以及共享心智模型与团队行为、团队效能及组织绩效的关系等方面进行了有益探索,但共享心智模型研究还存在进一步探索的空间。

一是以往探讨共享心智模型形成的影响因素主要集中在团队任务特征、团队结构等静态指标上,而对影响共享心智模型形成的动力前因的研究还很少,事实上与影响共享心智模型形成的静态前因相比,共享心智模型的动力前因对其影响更为深刻,这也在上述共享心智模型构建文献分析中找到了相关线索和理论支持。

二是以往共享心智模型效能的研究主要集中在团队绩效或团队效能上,而关于共享心智模型对企业绩效的影响研究还很少,尽管共享心智模型—团队过程—团队绩效或企业绩效的研究框架已达成初步共识,但共享心智模型作用于企业绩效的机制仍还不清晰。然而,根据认知行为理论,TMT 认知会驱动 TMT 行为,而高质量的 TMT 行为进而可能对企业绩效产生影响。也就是说,TMT 共享心智模型作为 TMT 认知的心理表征,与 TMT 行为及企业绩效之间存在逻辑关联,这在以往研究文献中也找到了支持,并且共享心智模型作为团队过程的动态潜结构,探索其与 TMT 行为及企业绩效之间的作用关系,也符合结构—行为—绩效的研究范式,因而是一条可行的研究路径。当然我们也注意到,以往共享心智模型—团队过程—团队绩效或企业绩效的研究框架中,团队过程变量的选取不尽相同,而如前国内外研究现状所述,用 TMT 行为整合刻画 TMT 过程并将其纳入 TMT 特征—TMT 行为整合—绩效的研究范式越来越得到研究者的认可,因为在许多研究者看来,包含团队合作、信息交换和共同决策三个相互关联的 TMT 行为整合概念强调 TMT 从事几个相互关联的过程,能更好地捕捉 TMT 特征并有效预测企业绩效水平结果,因而共享心智模型—行为整合—团队绩效或企业绩效的研究框架更能揭示共享心智模型的绩效影响机制。

三是已有团队共享心智模型的研究成果主要集中在虚拟团队、工作任务团队等类型团队上,聚焦管理团队特别是 TMT 的研究还很少。而作为团队认知表征的共享心智模型与虚拟团队、任务团队的绩效关系方面的诸多研究成果也启迪我们,将共享心智模型与 TMT 结合起来不失为研究 TMT 认知的一条可行路径。

更为重要的一点是,共享心智模型和 TMT 的研究都有一个不足之处:其大部分分析都是基于横截面数据的静态分析方法,缺少动态时间演化的考察。实际上,TMT 犹如有机生命体,有一个从诞生到消亡的过程,会经历团队生命周期的不同发展阶段,并且随着 TMT 生命历程的演进,TMT 特征形态会发生变化,这种变化不限于年龄、学历等显性特征的变化,TMT 认知等隐性特征也随之发生变化,因此表征 TMT 认知的共享心智模型也将不断向前演变发展。既往大多研究把 TMT 及共享心智模型均设定为静态的概念,即不管 TMT 处于哪个发展阶段,都视 TMT 及共享心智模型的结构特征稳定不变,而研究选取的团队样本往往可能来源于 TMT 生命周期的不同发展阶段,这样不加区别地对待,势必造成了上述研究结果不稳定的现实。

共享心智模型作为团队认知的心理表征,从团队成员心智互动共享的角度来理解团队认知状况。以往基于虚拟团队、任务团队等类型团队取得的研究成果启迪我们,TMT 认知可以用 TMT 共享心智模型来表征,TMT 共享心智模型是研究 TMT 认知的一条可行的路径,虽然结合 TMT 与共享心智模型两方面的研究还较少,但这不失为破解 TMT 认知"黑匣子"的有效途径。尽管针对共享心智模型演变刻画难的问题,目前的研究大多还没有给出一个明确的答案,但团队生命周期的视角不失为一个有效的突破口,因为随着 TMT 生命历程的演进,TMT 共享心智模型结构将呈现不同的生命周期阶段特征,而揭示 TMT 共享心智模型结构的生命周期阶段特征能够刻画出 TMT 共享心智模型的变化特征,进而可探讨 TMT 共享心智模型对企业绩效的影响机制,TMT 认知"黑匣子"也有望揭开。基于团队生命周期视角探讨 TMT 共享心智模型结构的变化特征进而揭示其对企业绩效的影响机制必将成为崭新的关注点。

总之,学界在 TMT、共享心智模型等方面取得了大量成果,但将二者结合起来的研究并不多,特别鲜见基于团队生命周期视角的 TMT 共享心智模型的形成动因、结构特征及企业绩效影响机制研究。针对上述提到的可进一步探索的研究空间,本研究基于高层梯队理论、结构—行为—绩效理论、团队生命周期理论、认知行为理论等理论基础,以团队生命周期为视角,对 TMT 共享心智模型的形成动因、结构特征及企业绩效影响机制进行全面探索研究。

◆ 2.4　本章小结 ◆

本章在界定 TMT、团队共享心智模型、TMT 行为整合、TMT 生命周期等核心概念的基础上,对高层梯队理论、结构—行为—绩效理论、团队生命周期理论、认知行为理论等理论进行了阐述,为后续研究的开展奠定理论基础,然后对 TMT 及共享心智模型的国内外相关研究现状进行了综述。其中,将 TMT 的研究分第一阶段、第二阶段进行了回顾,对共享心智模型的研究现状主要从共享心智模型的内涵、影响因素、结构以及共享心智模型与团队行为、团队效能及组织绩效的关系等方面进行了阐述。最后,对 TMT 及共享心智模型的国内外文献进行了评述,提出了可进一步探索的研究空间。

第 3 章

TMT 共享心智模型
形成动因识别

团队内外许多因素影响着共享心智模型的形成。以往探讨共享心智模型形成的影响因素主要集中在团队任务特征、团队结构等静态指标上，而对共享心智模型形成动因的研究还很少，事实上与影响共享心智模型形成的静态前因相比，动力前因对共享心智模型形成的影响更为深刻。以往团队共享心智模型构建策略的研究中，强调了团队自反性、团队凝聚力、有效沟通与认知冲突等动态因素是共享心智模型形成的重要因素，因而可以从团队具体管理情境中的共享心智模型构建策略研究中，找到 TMT 共享心智模型构建的相关思路。本章聚焦于团队自反性、团队凝聚力、有效沟通与认知冲突等 TMT 共享心智模型形成的关键驱动因素，分析这些动态因素对 TMT 共享心智模型形成的影响。

◆ 3.1　TMT 共享心智模型结构 ◆

共享心智模型作为团队认知的心理表征，逐渐成为解释团队效能差异、预测和提升团队绩效的重要指标。随着共享心智模型研究的深入，一些学者开始将团队共享心智模型研究从虚拟团队、项目团队等团队类型拓展到 TMT 上来。自 20 世纪 80 年代高层梯队理论提出开始,一些研究者就呼吁重视 TMT 在组织中的重要作用,并且也关注到战略决策过程中 TMT 成员之间的共识。一些学者认为 TMT 在战略目标、竞争方法、内外部环境感知等方面形成共识将对企业绩效产生正向影响[1][2][3]。一些学者认为在战略制定过程中,TMT 在外部资源获取、组织目标、竞争手段等方面达成共识对组织绩效起着重要作用[4][5][6]。有研究者从 TMT 承担的任务职责角度出发,探讨了 TMT 在任务方面形成共识对战略决策制定及执行、促进市场上新产品性能提升等方面产生的影响[7]。也有一些学者从 TMT 行为出发,认为 TMT 作为企业的决策团队,既要关注与任务相关的知识,也要关注内部成员的态度及其之间的关系,即需要 TMT 同时关注与任务相关的内容及与团队互动相关的内容[8][9][10],这与一些研究虚拟团队、项目团队等其他类型团队的共享心智模型的结构划分是一致的,在这些研究者看来,团队共享心智模型

① Bourgeois L J. Performance and consensus [J]. Strategic Management Journal,1980,1(3):227-248.

② Dess G G. Consenstus on strategy formulation and organizational performance:Competitors in a fragmented industry [J]. Strategic Management Journal,1987,8(3):259-277.

③ Dess G G, Keats B W. Environmental assessment and organizational performance:An exploratory field study [J]. Academy of Managenment Proceedings,1987,1:21-25.

④ Dess G G, Origer N K. Environment, structure, and consensus in strategy formulation:A conceptual integration[J]. Academy of Management Review,1987,12(2):313-330.

⑤ Dess G G,Davis P S. Porter's (1980) generic strategies as determinants of strategic group membership and organizational performance[J]. Academy of Management Journal,1984,27(3):467-488.

⑥ Govindarajan V. Implementing competitive strategies at the business unit level:Implications of matching managers to strategies[J]. Strategic Management Journal,1989,10(3):251-269.

⑦ Amason A C. Distinguishing the effects of functional and dysfunctional conflict on strategic decision making:Resolving a paradox for top management teams[J]. Academy of Management Journal,1996,39(1):123-148.

⑧ Klimoski R, Mohammed S. Team mental model:Construct or metaphor? [J]. Journal of Management,1994, 20(2):403-437.

⑨ 施启胜,葛玉辉,陈悦明.基于共享心智模型的高管团队决策效率研究框架探析[J].工业技术经济,2009,28(11):34-36.

⑩ 周晓东,李凯.共享心智模型对高管团队战略决策质量影响的实证研究[J].南华大学学报(社会科学版),2013,14(1):49-54.

不仅包括与团队任务相关的共享心智模型,也包括与团队互动相关的共享心智模型①②③④⑤⑥⑦。本研究在以往研究基础上,认为 TMT 共享心智模型是在战略决策及经营管理活动中,TMT 成员之间形成并共同持有的与团队任务及团队互动相关的知识结构、态度和信念。具体来说,TMT 共享心智模型分为任务式共享心智模型与团队式共享心智模型两种类型,其中任务式共享心智模型与以往研究中的重叠、相似或认同等含义相对应,主要体现为高管成员在战略目标、竞争手段、环境感知、运作规范及获取组织外部资源支持等方面是否具有重叠或一致的知识结构、态度及信念,而团队式共享心智模型与以往研究中的相容或互补及分布等含义相对应,主要体现为高管成员在专长、风格、角色及互补性专长等方面的分布或互补的知识结构、态度及信念。

① Mathieu J E,Heffner T S,Goodwin G F,et al. The influence of shared mental models on team process and performance[J]. Journal of Applied Psychology,2000,85(2):273-283.

② 白新文,王二平,周莹,等. 团队作业与团队互动两类共享心智模型的发展特征[J]. 心理学报,2006(4):598-606.

③ Lee M,Johnson T E. Understanding the effects of team cognition associated with complex engineering tasks:Dynamics of shared mental models,Task-SMM,and Team-SMM[J]. Performance Improvement Quarterly,2008,21(3):73-95.

④ 吕晓俊. 共享心智模型对团队效能的影响——以团队过程为中介变量[J]. 心理科学,2009,32(2):440-442,439.

⑤ 王黎萤. 研发团队创造气氛、共享心智模型与团队创造力研究[D]. 杭州:浙江大学,2009.

⑥ Sikorski E G. Team knowledge sharing intervention effects on team shared mental models and team performance in an undergraduate meteorology course[D]. Tallahassee:The Florida State University,2009.

⑦ Maynard M T,Gilson L L. The role of shared mental model development in understanding virtual team effectiveness[J]. Group & Organization Management,2014,39(1):3-32.

◆ 3.2 团队自反性及其对 TMT 共享心智模型形成的影响 ◆

3.2.1 团队自反性界定

West(1996)提出了团队自反性这一概念,团队自反性也被称为团队自省性,是指团队成员共同地对团队目标、策略、程序进行公开反思以适应当前或预期环境变化的程度[①]。Carter 和 West(1998)[②]、Schippers 等(2007)[③]认为团队自反性是团队成员对组织目标及实施路径中现有或潜在问题进行共同反思,进而不断协调组织内部各项资源和能力,以匹配当前或预期环境的团队特征。杨卫忠和孔冬(2015)认为 TMT 自反性是指 TMT 成员共同地对团队目标、战略决策和沟通过程进行开放性的自反和讨论,并根据实际情况,相应地进行适应性调整的程度[④]。综合以往学者的观点,本书认为团队自反性是团队成员对组织目标、工作任务和沟通互动过程进行共同反思与讨论,并根据组织内外部环境变化协调组织资源和快速做出反应,以适应环境变化的团队特征。

3.2.2 团队自反性维度

团队自反性维度的划分是开展团队自反性相关研究的前提和基础。

① West M A. Reflexivity and work group effectiveness:A conceptual integration [M]//West M A. Handbook of work group psychology. Chichester:Wiley,1996:555-579.

② Carter S M,West M A. Reflexivity,effectiveness,and mental health in BBC-TV production teams[J]. Small Group Research,1998,29(5):583-601.

③ Schippers M C,Den Hartog D N,Koopman P L. Reflexivity in teams:A measure and correlates [J]. Applied Psychology,2007,56(2):189-211.

④ 杨卫忠,孔冬.企业战略决策团队自反性功效与实现机制研究[M].北京:经济科学出版社,2015.

Swift 和 West(1998)认为团队自反性根据自反性程度可以分为轻度自反性、中度自反性与深度自反性三个维度①。张文勤和石金涛(2009)在Swift 和 West(1998)对团队自反性三维度划分的基础上对这三种自反性进行了解读,即认为轻度自反性主要指思考与当前工作紧密相关的问题,中度自反性是指采取更加具有批判性的方式看待目标、任务及策略,而深度自反性是指团队成员公开质疑和讨论团队的规则与价值观②。West(2000)从任务执行出发,认为团队自反性可以分为任务执行前自反性、任务执行中自反性与任务执行后自反性③。Schippers 等(2007)把团队自反性分为评估与学习、讨论过程两个维度④。杨卫忠和葛玉辉(2011)⑤从认知和情感两个因素出发,将团队自反性分为认知自反性和情感自反性两个维度。也有一些学者将团队自反性分为任务自反性和社交自反性两个维度⑥⑦。从上述研究可以看出,团队自反性维度主要从自反性程度、任务过程、认知和情感等方面来进行刻画。作为"组织金字塔"的高层,TMT 承载着战略决策的使命和任务,其成员对任务的目标及完成方法会展开开放性的讨论和自省,在此过程中他们也会面临情感冲突,因此高管成员要具备处理情感冲突的能力。基于此,本研究将TMT 自反性划分为与任务相关的任务自反性和与团队氛围相关的情感自反性两个维度。

① Swift T A, West M A. Reflexivity and group process: Research and practice [R]. Sheffield: The ESRC Center for Organization and Innovation, 1998.

② 张文勤, 石金涛. 团队自反性研究综述[J]. 管理工程学报, 2009, 23(3): 147-149, 114.

③ West M A. Reflexivity, revolution and innovation in work teams [M]//Beyerlein M M, Johnson D A, Beyerlein S T. Product development teams. Stamford: JAI Press, 2000.

④ Schippers M C, Den Hartong D N, Koopman P L. Reflexivity in teams: A measure and correlates[J]. Applied Psychology, 2007, 56(2): 189-211.

⑤ 杨卫忠, 葛玉辉. 团队自反性案例研究[J]. 中国人力资源开发, 2011(11): 65-68.

⑥ West M A. Reflexivity and work group effectiveness: A conceptual integration [M]//West M A. Handbook of work group psychology. Chichester: Wiley, 1996: 555-579.

⑦ Carter S M, West M A. Reflexivity, effectiveness, and mental health in BBC-TV production teams[J]. Small Group Research, 1998, 29(5): 583-601.

3.2.3　团队自反性对 TMT 共享心智模型形成的影响分析

自 West(1996)提出团队自反性概念以来,学者们主要关注一般工作团队的自反性,对 TMT 自反性的关注较少,然而在当今日益复杂和快速多变的经营环境下,企业经营管理面临许多严峻的挑战,TMT 作为战略决策主体,不但要对以前战略的实施效果进行检视和自省,而且需要对目前战略实施过程中出现的问题进行自我对照检查,审视制定的战略是否按照预期在运行,并考虑是否要根据内外部环境的变化适时做出修正和调整,这些实际上是 TMT 自反性重要性的体现。回顾以往 TMT 自反性研究文献发现,学界也有少数学者对 TMT 自反性展开了研究。MacCurtain 等(2010)在探讨 TMT、自反性、知识共享与新产品绩效之间的关系时,发现 TMT 自反性对新产品绩效具有显著的正向影响[①];杨卫忠和葛玉辉(2012)通过对中国高新技术企业 85 个 TMT 的研究,发现 TMT 情感自反性和任务自反性在 TMT 认知异质性与决策绩效之间具有显著的调节作用[②]。荣鹏飞和葛玉辉(2014)的研究结果表明:科技型企业 TMT 自反性演化对产品创新绩效具有重要影响;TMT 认知自反性影响科技型企业的产品创新战略,而情感自反性则影响创新产品的生命周期;科技型企业 TMT 的认知自反性和情感自反性相互作用,共同影响产品创新绩效[③]。刘喜怀等(2016)在探讨 TMT 团队过程、团队自反性对决策绩效的影响关系时,发现 TMT 团队过程对任务自反性和情感自反性均有显著的正向影响,并且 TMT 自反性在团队过程与

① MacCurtain S,Flood P C, Ramamoorthy N, et al. The top management team,reflexivity, knowledge sharing and new product performance:A study of the Irish software industry[J]. Creativity and Innovation Management,2010,19(3):219-232.

② 杨卫忠,葛玉辉.TMT 认知异质性、自反性对决策绩效的影响——基于中国企业的实证研究[J].预测,2012,31(2):23-30.

③ 荣鹏飞,葛玉辉.科技型企业高管团队自反性演化与产品创新绩效:苹果公司案例研究[J].中国科技论坛,2014(9):29-33.

决策绩效之间起部分中介作用[1]。赵丙艳等（2017）以长三角地区96家高科技企业TMT为研究对象，实证考察了TMT结构差异性对创新绩效的影响以及团队自反性的调节作用[2]。万鹏宇和王弘钰（2020）对国内高新技术企业的318名高层管理人员的调查结果表明，TMT自反性正向调节了能力重构与创新绩效之间的关系[3]。

一些研究表明，团队自反性能有效促进共享心智模型形成（Gurtner等，2007；Tesler等，2018）[4][5]。由上述分析可知，TMT自反性分为TMT任务自反性与TMT情感自反性，下面对这两种TMT自反性对TMT共享心智模型形成的影响进行分析。

TMT任务自反性主要是指TMT对所制定的战略决策及其实施过程中遇到的关于战略目标、竞争手段、环境感知、运作规范及获取组织外部资源支持等方面的问题进行公开反思与讨论，并根据内外部环境的变化适时做出修正与调整。

在战略目标上，管理实践中往往会出现事实目标与战略目标不一致的情况，TMT会进行公开战略检视与反思，鼓励不同的观点和声音，并对不同的观点进行敞开心扉的公开讨论。讨论与反思是之前在战略目标制定过程中缺乏对环境的信息搜集和解读还是掌握了环境信息但没有形成正确的判断，只有对此形成共识后才会考虑调整战略目标。同时，在新的战略目标上达成共识后，TMT还应持续评估和复盘决策的

① 刘喜怀，葛玉辉，赵丙艳.TMT团队过程、团队自反性对决策绩效的影响[J].管理评论，2016，28(1)：130-140.
② 赵丙艳，葛玉辉，王辉.TMT结构差异性、团队自反性与创新绩效[J].工业工程与管理，2017，22(1)：127-133.
③ 万鹏宇，王弘钰.高管团队交互记忆系统、能力重构与企业创新绩效——团队自反性的视角[J].科技管理研究，2020，40(16)：157-166.
④ Gurtner A, Tschan F, Semmer N K, et al. Getting groups to develop good strategies：Effects of reflexivity interventions on team process，team performance，and shared mental models[J]. Organizational Behavior and Human Decision Processes，2007，102(2)，127-142.
⑤ Tesler R, Mohammed S, Hamilton K, et al. Mirror, mirror：Guided storytelling andteam reflexivity's influence on team mental models[J]. Small Group Research，2018，49(3)：267-305.

执行情况,把战略务虚列入 TMT 的工作日程之中,以求对战略目标在动态调整中形成共识。这说明 TMT 在战略目标上的公开反思与讨论有助于 TMT 共享心智模型的形成。

在竞争手段上,TMT 采取的竞争手段并非一成不变,在当今动态竞争的市场环境下,企业都会面临未来投资者和顾客流失、绩效下降的风险,为规避这些风险,需要 TMT 进行深度反思与公开讨论、学习,多分析外部环境、客户需求和竞争对手,升级自身对竞争环境的集体认知,保证组织朝着任务目标前进。这说明 TMT 在竞争手段上的公开反思与讨论有助于 TMT 共享心智模型的形成。

在环境感知上,当今复杂多变的经营环境使得企业 TMT 的思维方式从线性向非线性转变,TMT 在增强复杂多变环境下的预见与应变能力的同时,需对经营环境进行深度反思并进行高品质的对话,审视从最初对经营环境有一致的理解到环境出现变化后对环境看法的分歧,最终讨论并形成对环境感知的共识。这说明 TMT 在环境感知上的公开反思与讨论有助于 TMT 共享心智模型的形成。

在运作规范上,正是 TMT 对过往管理事项深刻反思,并深刻吸取教训,及时发现和解决企业运作过程中出现的问题,决策机制和管理制度才趋于完善,团队运作规范逐渐形成并最终形成共识。这说明 TMT 在运作规范上的公开反思与讨论有助于 TMT 共享心智模型的形成。

在获取组织外部资源支持上,企业在发展过程中,过去所累积的资源和能力很容易让企业陷入"路径依赖"的锁定效应中,而经营环境在变,以往凭借的外部资源可能不再给企业竞争带来优势,在这种情形下,需要 TMT 对组织外部资源支持上出现的问题进行公开反思与讨论,形成共识并积极获取新的外部资源。只有通过新的外部资源的牵引,才有可能突破这种"路径依赖"的锁定,并据此在内部形成、调试新的资源利用和管理机制。这说明 TMT 在获取组织外部资源支持上的公开反思与讨论有助于 TMT 共享心智模型的形成。

上述分析说明 TMT 在战略目标、竞争手段、环境感知、运作规范及获取组织外部资源支持等任务方面的公开反思与讨论,有助于 TMT 共享心智模型的形成,即 TMT 任务自反性有助于 TMT 共享心智模型的形成。

TMT 情感自反性主要是指 TMT 成员处理情感冲突或关系冲突的能力,以及彼此互相关爱、关注成员个人成长及成员幸福感的程度[1]。中国企业文化重视组织成员之间的和谐,管理团队更是如此。情感自反性程度高的 TMT,其成员在围绕任务及执行方面的讨论中会更积极主动地发表自己的见解,不会认为讨论中的多元化观点碰撞是矛盾的使然或将其视为蓄意的个人攻击行为,而会认为不同观点的碰撞往往能促使团队在决策过程中尽可能详尽地考虑问题。因此,他们更能够虚心接受异于自己的观点与意见,认为其他成员的意见都是发自内心真诚的观点,都是为了团队或组织利益着想,并未带有其他个人动机[2],并且更倾向于认为多元化观点的碰撞是集思广益,有利于充分发挥成员认知异质性的功效进而提高战略决策的质量和满意度。这样的团队,其成员情感冲突或关系冲突的水平很低,成员之间的配合程度高,较容易在任务决策及执行方面的讨论中达成共识。同时,情感自反性程度高的 TMT 成员乐于沟通与交流,对彼此在专长分布、风格分布、角色分布及互补性专长等方面有较深入的了解,每当在决策中需要某方面的知识和信息时,彼此很清楚谁的意见更应该受到重视,彼此对各自承担的角色职责有更清晰的认识和理解,这些都有利于成员共识的达成。上述分析说明 TMT 情感自反性也有助于 TMT 共享心智模型的形成。

---

① 赵丙艳,葛玉辉,王辉. TMT 结构差异性、团队自反性与创新绩效[J]. 工业工程与管理,2017,22(1):127-133.

② Dreu C K W D. Team innovation and team effectiveness:The importance of minority dissent and reflexivity[J]. European Journal of Work and Organizational Psychology,2002,11(3):285-298.

3.3.1 团队凝聚力内涵

"凝聚力(cohesion)"一词是由拉丁语"cohaerere"演化而来的,意指结合或黏合在一起。Lewin(1935)在其应用心理学著作中首次提出了"凝聚力"一词,并认为个体对自身以及群体的感知情况是影响凝聚力的关键[1],显然 Lewin 主要聚焦个体而忽略了群体的性质与特点。Festinger(1950)首次提出了"团队凝聚力"这一概念,并认为团队凝聚力是团队留住团队成员的总影响力,这种影响力可以促使团队成员心甘情愿地成为团队的一分子,共同为所在的团队付出自己的精力与劳动[2],这标志着团队凝聚力研究的开始。此后不同领域专家学者对团队凝聚力做出了不同的解释与定义。本研究对国内外学者关于团队凝聚力的内涵解读进行归纳汇总,如表 3-1 所示。

表 3-1 国内外学者对团队凝聚力的内涵解读

作者(年份)	定义
Back(1951)[3]	团队凝聚力是一种情感维系力,将成员聚集到一个团队中
Lott 等(1965)[4]	团队凝聚力是指团队成员相互吸引、喜欢或彼此间积极的情感态度的总和

① Lewin K. A dynamic theory of personality[M]. New York:McGraw-Hill,1935.
② Festinger L. Informal social communication[J]. Psychological Review,1950,57(5):271-282.
③ Back K W. Influence through social communication[J]. The Journal of Abnormal and Social Psychology, 1951,46(1):9-23.
④ Lott A J,Lott B E. Group cohesiveness as interpersonal attraction:A review of relationships with antecedent and consequent variables[J]. Psychological Bulletin,1965,64(4):259-309.

作者(年份)	定义
Janis(1982)①	团队凝聚力是成员希望自己能够长期留在团队的渴望程度,也是成员对团队的重视程度
Carron(1982)②	团队凝聚力是个体在追求与实现团队目标的过程中,反映出的团结一致且保持相同努力倾向的程度
徐永其等(2007)③	团队凝聚力是指团队成员之间相互吸引、接纳,同时愿意留在群体中的程度,是团队对每个成员的吸引力以及成员对团队的向心力,以及成员之间相互依存、相互协调、相互团结的程度和力量
张文华(2008)④	团队凝聚力是团队成员为实现团队目标在团队内部形成的向心力,这种向心力可以通过行为以及情感氛围表现出来
林洋帆(2010)⑤	团队凝聚力是一种情感吸引力,它可以使团队成员不愿离开团队,团队成员能够坦诚沟通、互助分享,能够为追求一个共同目标保持情感和行为的一致性
Van Woerkom 和 Sanders(2010)⑥	团队凝聚力能预测成员间行为,表现为一种人际关系,成员间相互信任、相互依附、加强合作,共同提高组织的绩效
李树祥等(2012)⑦	团队凝聚力是影响团队满足成员生理、心理和社会需要的各种因素,如使成员获得安全感、归属感、接纳、友谊、成就感等
王倩(2013)⑧	团队凝聚力是一种能够将团队中所有成员聚集在一起的向心力,可以促进团队成员紧密联系在一起,并且能够为了实现团队的目标共同努力

① Janis I L. Groupthinking:Psychological studies of policy decisions and fiascoes[M]. Boston: Houghton Mifflin Press,1982.

② Carron A V. Cohesiveness in sport groups:Interpretations and considerations[J]. Journal of Sport Psychology,1982,4(2):123-138.

③ 徐永其,胡志健.团队凝聚力的分析与评价[J].科技管理研究,2007(9):231-233.

④ 张文华.领导风格与团队凝聚力关系研究[D].长沙:中南大学,2008.

⑤ 林洋帆.变革型领导对知识分享影响:信任和团队凝聚力为中介[D].北京:清华大学,2010.

⑥ Van Woerkom M, Sanders K. The romance of learning from disagreement. The effect of cohesiveness and disagreement on knowledge sharing behavior and individual performance within teams[J]. Journal of Business and Psychology,2010,25:139- 149.

⑦ 李树祥,梁巧转,孟瑶.团队多样性氛围、团队凝聚力和团队创造能力的关系研究[J].软科学, 2012,26(7):91-95.

⑧ 王倩.基于团队互动过程的团队凝聚力实证研究[D].湘潭:湘潭大学,2013.

作者(年份)	定义
吕金梅(2017)①	团队凝聚力是团队成员在执行任务过程中有着共同承担任务的义务和责任,并因活动而形成的强烈、稳定的组织依赖感和集体综合能力
边舫等(2018)②	团队凝聚力既可以预测团队行为的影响因素,也可以体现成员关系的友好程度,还是解决冲突的钥匙与良方
陈明淑等(2019)③	团队凝聚力反映了团队成员一体化的程度,能够衡量团队内成员间互相协助以实现团队目标的能力水平
王成军等(2019)④	团队凝聚力是一种保障,可以促进团队目标的形成;也是一种情境,有利于维护和谐型行为
廖述平(2020)⑤	团队凝聚力是以个体的不同认知状态为基础的,既是团队层面的吸引力,也是团队成员间的共识共享

资料来源:根据现有文献整理。

尽管不同的学者对团队凝聚力的解读在表述上存在差异,但学界对团队凝聚力的内核基本达成共识,即团队凝聚力是一种综合力量,促进团队成员之间通过情感联系相互吸引、相互信任、相互依赖,为了实现共同的团队目标而努力。

3.3.2 团队凝聚力维度

在对团队凝聚力的内涵进行解读基础上,一些学者对团队凝聚力维度进行了分析。概括来说,团队凝聚力的维度有二维度、三维度、四维

---

① 吕金梅.团队凝聚力对管理创新的动态影响探析[J].领导科学,2017(23):52-54.
② 边舫,王江涛.团队冲突和创业绩效的关系研究——凝聚力和异质性的调节作用[J].实验室研究与探索.2018,37(10):269-276.
③ 陈明淑,陆擎涛.员工助人行为与工作幸福感关系研究——以团队凝聚力为调节[J].贵州财经大学学报,2019(5):54-64.
④ 王成军,俞婷婷.团队凝聚力对主动性人格与员工建言关系的调节作用[J].领导科学,2019(4):83-86.
⑤ 廖述平.团队凝聚力的生成认知与生成进路分析[J].领导科学,2020(8):79-81.

度、七维度划分之说，对相关学者的观点归纳汇总，如表 3-2 所示。

表 3-2　国内外学者对团队凝聚力维度的划分

团队凝聚力维度划分	作者(年份)	团队凝聚力具体维度
二维度	Mikalachki(1969)①	将团队凝聚力划分为社会导向和任务导向两个维度
	Griffith(1988)②、Salas 等(2015)③	将团队凝聚力划分为情感维度和工具维度
	Gruber 和 Gray(1982)④、徐平磊等(2020)⑤	将团队凝聚力划分为社交凝聚力和任务凝聚力两个维度
三维度	Carron(1982)⑥	将团队凝聚力划分为人际吸引导向的凝聚力、任务承诺导向的凝聚力、归属感和认同感三个维度
	Henry 等(1999)⑦	将团队凝聚力划分为情感凝聚力、行为凝聚力和认知凝聚力三个维度
	周中林等(2018)⑧	将团队凝聚力划分为人际吸引力、任务承诺、自豪感和荣誉感三个维度

---

① Mikalachki A. Group cohesion reconsidered：A study of blue collar work groups [D]. London：The University of Western Ontario,1969.
② Griffith J. Measurement of group cohesion in US Army units[J]. Basic and Applied Social Psychology,1988,9(2):149-171.
③ Salas E,Vessey W B,Estrada A X. Team cohesion：Advances in psychological theory,methods and practice[M]. Leeds：Emerald Group Publishing,2015.
④ Gruber J J,Gray G R. Responses to forces influencing cohesion as a function of player status and level of male varsity basketball competition[J]. Research Quarterly for Exercise and Sport,1982,53(1)：27-36.
⑤ 徐平磊,贾迎亚,于晓宇.效果推理、创业团队凝聚力与新产品开发绩效[J].管理学报,2020,17(2):251-258.
⑥ Carron A V. Cohesiveness in sport groups：Interpretations and considerations[J]. Journal of Sport Psychology, 1982,4(2):123-138.
⑦ Henry K B, Arrow H, Carini B. A tripartite model of group identification：Theory and measurement[J].Small Group Research,1999, 30(5):558-581.
⑧ 周中林,孙小静.临时团队中快速信任对团队绩效的影响[J].科技进步与对策,2018,35(5):154-160.

团队凝聚力维度划分	作者(年份)	团队凝聚力具体维度
四维度	Carron 等(1998)①	将团队凝聚力划分为群体任务对个体的吸引、群体交往对个体的吸引、群体任务一致性及群体交往一致性四个维度
七维度	吴一穹等(2016)②	将团队凝聚力划分为友谊、愉悦、团队合作、亲密感、团队内的个人影响力、归属感、团队成员资格的价值七个维度

从团队凝聚力内涵出发,参考上述学者对团队凝聚力维度的分析,本研究将团队凝聚力的维度划分为人际吸引、任务承诺和团队归属感三个维度。其中,人际吸引是指团队成员彼此之间相互吸引产生的凝聚力;任务承诺是团队成员在完成团队任务过程中产生的凝聚力;团队归属感是团队成员对团队产生的认同、信任和眷念,愿意自身融入团队整体中去。

3.3.3 团队凝聚力对 TMT 共享心智模型形成的影响分析

凝聚力强的团队,促进了团队成员之间更紧密的人际关系,从而有利于团队内部对任务的共同理解和行为协调③④⑤,成员之间更有可能

① Carron A V, Brawley L R, Widmeyer W N. The measurement of cohesiveness in sport groups [M]//Duda J L. Advances in sport and exercise psychology measurement. Morgantown: Fitness Information Technology, 1998.

② 吴一穹,陈颖颖,陶向明,等. 团队凝聚力研究现状探析与未来展望[J]. 工业工程与管理,2016, 21(6):168-175.

③ Bourbousson J, Poizat G, Saury J, et al. Team coordination in basketball: Description of the cognitive connections among teammates[J]. Journal of Applied Sport Psychology, 2010, 22 (2):150-166.

④ Bosselut G, McLaren C D, Eys M A, et al. Reciprocity of the relationship between role ambiguity and group cohesion in youth interdependent sport[J]. Psychology of Sport and Exercise, 2012, 13(3):341-348.

⑤ Giske R, Rodahl S E, Høigaard R. Shared mental task models in elite ice hockey and handball teams: Does it exist and how does the coach intervene to make an impact? [J]. Journal of Applied Sport Psychology, 2015, 27(1):20-34.

分享更多他们的专业知识①以及与任务相关联的信息②。Leo 等(2019)③的研究表明,团队凝聚力增强有助于凝聚团队成员对任务的共识,加深成员对彼此之间专长分布、风格分布、角色分布及互补性专长等方面的理解,进而影响组织效能,并且相比较而言,任务凝聚力比社会凝聚力对以上内容的影响更大。这些研究实际体现了团队凝聚有助于共享心智模型的形成。

也有学者对 TMT 凝聚力展开了相关研究,在有关 TMT 互动特征的研究中,团队凝聚是共同关注的 TMT 互动特征因素④⑤。TMT 团队凝聚力是预测 TMT 行为的重要指标,表示 TMT 成员之间相互吸引的程度。Smith 等(1994)认为凝聚力强的 TMT 关系融洽,能够分享共同的价值观,促进彼此合作和交流,在团队规范和运作上将会达成更深的信任和共识⑥。而且相比凝聚力低的 TMT,凝聚力强的 TMT 中成员在团队归属感、信任感及情感吸引等方面表现出更高水平。凝聚力强的团队氛围中,TMT 成员乐于互动交流,畅所欲言,分享各种掌握的信息,这有助于 TMT 共享心智模型的形成,特别是在组织面临动态复杂多变的环境时,团队凝聚力水平高的 TMT 能快速形成共识并共同做出决策。

---

① Argote L,Ren Y. Transactive memory systems:A microfoundation of dynamic capabilitiess [J]. Journal of Management Studies,2012,49(8):1375-1382.

② Filho E,Gershgoren L,Basevitch I,et al. Profile of high-performing college soccer teams:An exploratory multi-level analysis[J]. Psychology of Sport and Exercise,2014,15(5):559-568.

③ Leo F M,González-Ponce I,García-Calvo T,et al. The relationship among cohesion,transactive memory systems,and collective efficacy in professional soccer teams:A multilevel structural equation analysis[J]. Group Dynamics:Theory,Research,and Practice,2019,23(1):44-56.

④ Peterson R S,Owens P D,Martorana P V. The group dynamics q-sort in organizational research:A new method for studying familiar problems[J]. Organizational Research Methods,1999,2(2):107-139.

⑤ Ensley M D,Pearson A W. An exploratory comparison of the behavioral dynamics of top management teams in family and non-family new ventures:Cohesion,conflict,potency,and consensus[J]. Entrepreneurship Theory and Practice,2005,29(3):267-284.

⑥ Smith K G,Smith K A,Olian J D,et al. Top management team demography and process:The role of social integration and communication[J]. Administrative Science Quarterly,1994,39(3):412-438.

3.4.1　有效沟通的含义

沟通是组织管理的一种有效工具。组织中只有实现横向和纵向沟通，才能保障组织各项工作的顺利进行。沟通是组织建立和生存的基础与前提[①]。沟通是意义的传递与理解，有效沟通不是指成员意见达成一致，而是成员之间能充分理解[②]。沟通过程包含信息的传递，而信息发送者采用的信息传递方式及信息表达的清晰程度会影响沟通的有效性，只有清晰地表达信息，才能避免信息接收者的误解以及确定信息接收者能理解所接收的信息，因而传递发送者的意图是有效沟通的本质。一些关于沟通与团队有效性关系的研究均认为有效沟通是组织取得高绩效的重要影响因素[③][④]。王敏等（2017）认为工作导向的沟通可以为团队成员提供一种支持性的环境，使团队成员以一种协调的方式行动[⑤]。

有效沟通是一个复杂而动态的过程，在学界还没有普遍被接受的定义。本书认为，组织中的有效沟通是组织成员之间就某个主题或议题，采取面对面交流、电话交流、网络交流等方式，准确表达信息以及准确接收、理解信息内容并且适当做出回应的过程。组织内成员之间只有依赖

---

① DeSanctis G，Monge P. Introduction to the special issue：Communication processes for virtual organizations[J]. Organizational Science，1999，10(6)：693-703.

② 斯蒂芬·罗宾斯. 管理学[M]. 北京：中国人民大学出版社，2007.

③ 刘冰，蔺璇. 团队伦理气氛对团队效能的影响研究——以团队沟通为中介变量[J]. 中国管理科学，2012，20(S2)：740-746.

④ 何建华，姜小暖，于桂兰. 团队集体效能感与团队绩效：团队沟通的调节作用[J]. 科技管理研究，2014(4)：169-173.

⑤ 王敏，赵修文，庞娟，等. 基于共享心智模型的团队有效沟通机制研究[J]. 西部经济管理论坛，2017，28(4)：79-84，96.

于有效沟通,才能够相互理解、相互配合,提高组织工作效率。

3.4.2 有效沟通的影响因素

有效沟通对组织管理来说非常重要,分析影响有效沟通的因素是实现有效沟通的前提,为此,一些学者围绕有效沟通的影响因素进行了探讨。Pike(2008)指出,一体化营销沟通的关键影响因素包括与可盈利客户的关系、与股东的关系、跨部门工作进程、与客户有目的性的对话、信息协同作用等,并强调管理者应当破解缺乏沟通的困境[1]。Fred Garcia (2012)认为沟通不畅或者误解将导致客户忠诚度降低、市场份额丢失、达成关键目标的能力丢失、合法地位丧失等,也会影响组织效率的提高以及团队凝聚力和合作力的形成[2]。曹庆华(2011)总结了有效沟通的障碍影响因素,包括管理者的问题、沟通渠道的问题、组织机构设置的问题、信息接收者的障碍等[3]。沈欣媛等(2011)认为当今存在于企业内部的有效沟通的障碍主要源于信息发送者方面、信息接收者方面、信息传递的渠道方面等[4]。张海军(2012)分析了影响销售人员有效沟通的障碍,主要包括销售人员的语言障碍、销售人员的行为障碍、沟通过程的媒介障碍等[5]。此外,信息对称性[6]、沟通方式[7]、沟通渠道[8]也是影响有效沟通的因素。

---

[1] Pike S. Destination marketing: An integrated marketing communication approach[M]. Oxford: Butterworth-Heinemann, 2008.

[2] Fred Garcia H. Leadership communications: Planning for the desired recation [J]. Strategy&Leadership, 2012, 40(6): 42-45.

[3] 曹庆华. 企业有效沟通障碍剖析及应对[J]. 科技与企业, 2011(3): 88-89.

[4] 沈欣媛, 徐婉心, 邵雪霏. 现代企业管理沟通的障碍及改善措施[J]. 现代经济信息, 2011(14): 33.

[5] 张海军. 零售终端人员销售沟通障碍探析[J]. 商场现代化, 2012(12): 25-26.

[6] 胡巍. 管理沟通: 原理与实践[M]. 济南: 山东人民出版社, 2003.

[7] 代宏坤, 徐玖平. 项目沟通管理[M]. 北京: 经济管理出版社, 2008.

[8] 何宇. 项目实施过程中的沟通管理[J]. 现代企业文化, 2008(20): 128-131.

3.4.3　有效沟通对 TMT 共享心智模型形成的影响分析

相关研究表明,团队成员之间的有效沟通对团队共享心智模型产生正向影响。团队成员间的有效沟通有助于成员对战略目标、工作方式及相关工作事务形成相似的看法、意见和共同理解,从而促进团队共享心智模型的形成[1][2]。Klimoski 和 Mohammed(1994)的研究表明,团队成员在互动过程中沟通得越充分、越深入,成员共有的认知框架模式就越有可能形成,从而团队共享心智模型也越能够形成[3]。Madhavan 和 Grover(1998)[4]、武欣等(2006)[5]、金惠红等(2012)[6]、McComb 与 Simpson(2014)[7]、Grand 等(2016)[8]认为团队充分沟通促进了成员之间信息的交流与共享,有利于方案和策略的产生,也让成员在任务执行过程中能够知晓彼此的工作进展,从而有助于团队共享心智模型形成。Mohammed 和 Dumville(2001)认为在研究共享心智模型形成时应引入有效沟通进行分析[9]。此外,一些研究者认为有效沟通会导致态度、知

[1]　Schneider B,Reichers A E. On the etiology of climates[J]. Personnel Psychology,1983,36(1):19-39.

[2]　Levesque L L,Wilson J M,Wholey D R. Cognitive divergence and shared mental models in software development project teams[J]. Journal of Organization Behavior,2001,22(2):135-144.

[3]　Klimoski R,Mohammed S. Team mental model:Construct or metaphor? [J]. Journal of Management,1994,20(2):403-437.

[4]　Madhavan R,Grover R. From embedded knowledge to embodied knowledge:New product development as knowledge management[J].Journal of Marketing,1998,62(4):1-12.

[5]　武欣,吴志明.基于共享心智模型的团队知识管理研究[J].研究与发展管理,2006(3):9-15.

[6]　金惠红,杨松青.高校科研团队协作因素对团队效能影响的研究——以共享心智模型为中介[J].浙江工业大学学报(社会科学版),2012(1):16-21.

[7]　McComb S,Simpson V. The concept of shared mental models in healthcare collaboration[J]. Journal of Advanced Nursing ,2014 ,70(7):1479-1488.

[8]　Grand J A,Braun M T,Kuljanin G,et al. The dynamics of team cognition:A process-oriented theory of knowledge emergence in teams[J]. Journal of Applied Psychology,2016,101(10):1353-1385.

[9]　Mohammed S,Dumville B C. Team mental models in a team knowledge framework:Expanding theory and measurement across disciplinary boundaries[J]. Journal of Organizational Behavior,2001,22(2):89-106.

识和信念等特征的同质化[①],有利于培育管理层的共享心智模型并为管理层的判断和决策行动提供支持[②]。

TMT 成员之间的有效沟通加深了高管成员对团队工作任务的理解,在此过程中也促进了高管成员知识与信念的分享,有利于团队形成更为清晰的战略目标,并且有助于在竞争手段、环境感知、运作规范及获取组织外部资源支持等方面达成共识。同时,TMT 成员之间的有效沟通能够加深彼此在专长分布、风格分布、角色分布及互补性专长等方面的互相了解,有助于彼此对各自承担的角色职责有更清晰的认识和理解,从而团队成员之间更容易协作。这些都有助于 TMT 共享心智模型形成。

---

① Murphy H A, Hildebrandt H W, Thomas J P. Effective Business Communications[M]. New York: McGraw-Hill/Irwin,1997.

② Adams L. Avalanche judgment and decision making Part I[J]. The Avalanche News,2005,24 (2):9-11.

3.5.1 认知冲突的内涵

冲突理论认为冲突是所有团队和组织中自然存在的普遍现象。冲突对于决策质量而言是一把双刃剑,一方面冲突能够改善决策质量,另一方面冲突可能会弱化成员之间共事的能力而损害决策质量[①]。Amason(1996)将冲突划分为认知冲突和情感冲突[②]。Jehn(1995)认为认知冲突是成员在处理任务相关问题上所表现出来的差异化[③]。Jehn和 Mannix(2001)认为认知冲突指在团队工作过程中成员关于任务或问题在认识和理解上的不一致[④]。Amason 和 Sapienza(1997)认为认知冲突是由于组织成员观点的差异而产生的以任务为导向的分歧,这种分歧是由于成员注重如何更好地完成共同目标而产生的[⑤]。卢俊义与程刚(2009)认为认知冲突一般集中于任务,表现为团队成员为达到共同目标而出现的判断性差异[⑥]。弋亚群等(2018)认为认知冲突的产生是由于

---

① Chenhall R H. The role of cognitive and affective conflict in early implementation of active-based costmanagement[J]. Behavioural Research in Accounting,2004,16(1):19-44.

② Amason A C. Distinguishing the effects of functional and dysfunctional conflict on strategic decision making:Resolving a paradox for top management teams[J]. Academy of Management Journal,1996,39(1):123-148.

③ Jehn K A. A multimethod examination of the benefits and detriments of intragroup conflict[J]. Administrative Science Quarterly,1995,40(2):256-282.

④ Jehn K A,Mannix E A. The dynamic nature of conflict:A longitudinal study of intragroup conflict and group performance[J]. Academy of Management Journal,2001,44(2):238-251.

⑤ Amason A C,Sapienza H J. The effects of top management team size and interaction norms on cognitive and affective conflict[J]. Journal of Management,1997,23(4):495-516.

⑥ 卢俊义,程刚. 创业团队内认知冲突、合作行为与公司绩效关系的实证研究[J]. 科学学与科学技术管理,2009,30(5):117-123.

团队成员对任务目标及完成方法认识的不一致,这类冲突是功能性冲突[①]。叶蓓(2018)认为认知冲突是指团队成员各自独立进行信息处理或决策判断而造成的意见不一致现象[②]。也有一些学者针对TMT认知冲突进行了分析,例如,张良久和周晓东(2006)将TMT认知冲突定义为高管成员在其认知发展过程中由于原有的概念或认知结构与现实环境不相符而在心理上所产生的冲突[③]。

总体而言,在大多数研究者看来,认知冲突属于功能性冲突,源于组织成员对任务目标及完成手段等方面认识的不一致。

3.5.2 认知冲突的管理

人们对冲突的认识经历了一个发展变化的过程,从最初认为它是对组织绩效不利的而应当加以防范甚至尽可能消除,到后来逐渐认识到冲突是一把双刃剑,如果善于引导和利用,冲突可能带来团队或组织绩效的提升,因而需要对认知冲突加以管理并利用,将认知冲突控制在一定程度内,防止冲突失范。Mooney等(2007)揭示了如果团队能够将认知冲突作为优化讨论的刺激因素并且将其控制在不引发情绪冲突的程度,团队就能够做出更好的决策[④]。陈立梅(2007)指出,过高或过低的认知冲突水平对组织绩效的提升均会产生消极影响,而保持适当水平的认知冲突才有利于组织绩效的提升[⑤]。常极(2008)的研究表明,TMT成员之间适度的认知冲突对公司绩效有着正向的影响[⑥]。认知冲突只有在

---

① 弋亚群,刘怡,谷盟.高管团队认知冲突对创新导向的双刃剑效应[J].管理学报,2018,15(11):1663-1670.

② 叶蓓.信息、信任、认知冲突与董事会治理——基于问卷调查[J].商业经济与管理,2018(7):29-40.

③ 张良久,周晓东.高层管理团队冲突:一个动态的分析模型[J].软科学,2006(3):69-71,85.

④ Mooney A C,Holahan P J,Amason A C. Don't take it personally:Exploring cognitive conflict as a mediator of affective conflict[J].Journal of Management Studies,2007,44(5):733-758.

⑤ 陈立梅.高层管理团队(TMT)的异质性、冲突管理与企业绩效[J].现代管理科学,2007(7):92-93.

⑥ 常极.高管团队异质性对公司绩效的影响探析——以认知冲突为中介变量[J].北方经贸,2008(9):119-120.

低水平的紧张程度和冲突双方拥有共同或相互依存目标的情况下才能提高团队或组织绩效,而且这种认知冲突还应该是适度的。

Baker(1997)提出解决团队成员之间的冲突需要遵循五个步骤:明确成员角色和特性;预先解决成员之间存在的潜在的沟通障碍;明确成员依存关系及责任;明晰冲突问题的源头;共同采取行动并首先解决特定问题①。赵武等(2016)分析了团队认知冲突协调机制,指出团队成员可以通过外显手段及内隐手段促使成员间对任务相关内容形成一致的理解②。一些学者还提出了冲突管理过程中要考虑文化氛围的影响,不同的文化对塑造团队成员的价值观、是非观具有重要影响③。总的来说,对认知冲突进行管理的最终目标就是要为冲突赋予积极的特性,认知冲突只有在真正推动团体关系更加协调和工作绩效提升时才被认为是积极的和有功能性的。

3.5.3　TMT认知冲突对绩效的影响

自 Hambrick 和 Mason(1984)提出高层梯队理论以来,TMT 冲突就得到一些学者的关注。随着对认知冲突认识的加深,一些学者围绕TMT 认知冲突与绩效的关系展开了一系列研究。Simons 和 Peterson(2000)认为认知冲突对企业绩效的影响会因 TMT 战略决策的快慢而产生不同的结果,即 TMT 快速决策时的认知冲突对企业绩效产生正向影响,而决策缓慢时的 TMT 认知冲突则对企业绩效产生负向影响④。Parayitam 和 Dooley(2007)研究发现,TMT 认知冲突对战略决策绩效

① Baker T. Liability insurance conflicts and defense lawyers:From triangles to tetrahedrons[J]. Connecticut Insurance Law Journal,1997,4:102-151.
② 赵武,李馥萌,高樱,等.个体-组织匹配、内隐协调对跨功能团队创造力的影响:内部人身份感知的调节效应[J].科学学与科学技术管理,2016,37(12):149-160.
③ Wong A,Wei L,Wang X Y,et al. Collectivist values for constructive conflict management in international joint venture effectiveness[J]. International Journal of Conflict Management,2018,29(1):126-143.
④ Simons T L,Peterson R S. Task conflict and relationship conflict in top management teams: The pivotal role of intragroup trust[J]. Journal of Applied Psychology,2000,85(1):102-111.

产生显著正向影响,且信任水平进一步强化了 TMT 认知冲突与战略决策绩效之间的正向影响关系①。常极(2008)基于具有认知冲突的 TMT 异质性对公司绩效影响的研究表明,TMT 认知冲突对公司绩效具有正向促进作用②。Li 等(2009)研究发现,TMT 认知冲突对企业战略决策绩效具有正向影响作用,同时团队活力增强了 TMT 认知冲突与企业战略决策绩效之间的正向影响关系③。卢俊义和程刚(2009)的研究表明,创业阶段的 TMT 认知冲突对团队合作行为及企业绩效均产生正向影响,因而合理地利用认知冲突来传承创业团队企业家精神和促进企业成长非常重要④。杜运周和陈忠卫(2009)⑤、陈璐等(2010)⑥的实证研究表明,TMT 认知冲突有助于提高团队决策绩效。白新文和黄明权(2019)的研究表明,团队队长与上级部门领导之间在任务方面的认知冲突对团队绩效具有正向影响⑦。Ge 和 Yang(2011)认为,TMT 认知冲突对决策绩效产生正向影响,且这种关系可通过认知自反性得到进一步加强⑧。也有

① Parayitam S,Dooley R S. The relationship between conflict and decision outcomes:Moderating effects of cognitive-and affect-based trust in strategic decision-making teams [J]. International Journal of Conflict Management, 2007,18(1):42-73.

② 常极.高管团队异质性对公司绩效的影响探析——以认知冲突为中介变量[J].北方经贸,2008(9):119-120.

③ Li H Y,Li J. Top management team conflict and entrepreneurial strategy making in China [J]. Asia Pacific Journal of Management,2009,26:263-283.

④ 卢俊义,程刚.创业团队内认知冲突、合作行为与公司绩效关系的实证研究[J].科学学与科学技术管理,2009,30(5):117-123.

⑤ 杜运周,陈忠卫.高管冲突与团队决策绩效——基于控制模式的调节分析[J].管理科学,2009,22(4):31-40.

⑥ 陈璐,杨百寅,井润田,等.家长式领导、冲突与高管团队战略决策效果的关系研究[J].南开管理评论,2010,13(5):4-11.

⑦ 白新文,黄明权.与上司冲突总是有害吗? 上下级任务冲突和关系冲突对共享心智模型及团队绩效的差异化影响[J].中国人力资源开发,2019,36(12):6-21.

⑧ Ge Y H,Yang W Z. A review on the top management team reflexivity influencing strategic decision outcomes[J]. African Journal of Business Management,2011,5(35):13442-13448.

研究表明,TMT认知冲突对决策绩效[1][2]、组织绩效[3]产生负向作用,并且认为TMT认知冲突对组织绩效产生负向作用可能与不同情境有关。例如,冲突的激烈程度过高或过低都会对组织绩效产生负向影响,而只有当冲突维持在适度激烈水平时,冲突的功能性作用才能得到发挥[4];又如TMT认知冲突与情感冲突相伴而生,高程度TMT认知冲突极易产生情感冲突,这不利于团队或组织绩效的提升。由上述分析可知,保持适度的认知冲突有利于绩效的提升,这说明TMT认知冲突表现出功能性的一面;而TMT认知冲突对绩效的影响也可能是负向的,这表明TMT认知冲突也有非功能性一面。组织在处理冲突过程中要尽可能有效激发并充分利用TMT认知冲突的功能性作用,以此提高组织的效率和活力。

3.5.4 认知冲突对TMT共享心智模型形成的影响分析

Amason与Schweiger(1994)认为当团队处于具有高不确定性和需要处理大量信息的非常规任务背景下,认知冲突使得多视角、异质性观点得到呈现,有助于增进成员对问题的认识和共识的达成[5]。张涛等人(2008)的研究结果表明,认知冲突对团队共享心智模型的形成具有积极的影响,并且团队信任会强化认知冲突对团队共享心智模型形成的正向影响[6]。白新文和黄明权(2019)的研究表明,团队队长与上级部门领导之

[1] Simons T L,Peterson R S. Task conflict and relationship conflict in top management teams: The pivotal role of intragroup trust[J]. Journal of Applied Psychology,2000,85(1):102-111.

[2] De Dreu C K W,Weingart L R. Task versus relationship conflict,team performance,and team member satisfaction:A meta-analysis[J]. Journal of Applied Psychology,2003,88(4):741-749.

[3] 肖璐. 高管团队信任对组织绩效的影响:团队冲突的中介作用[J]. 经济研究导刊,2010(6):95-98.

[4] Tjosvold D,Tang M M L,West M. Reflexivity for team innovation in China:The contribution of goal interdependence [J]. Group & Organization Management,2004,29(5):540-559.

[5] Amason A C,Schweiger D M. Resolving the paradox of conflict,strategic decision making,and organizational performance[J]. International Journal of Conflict Management,1994,5(3):239-253.

[6] 张涛,刘延平,赖斌慧. 团队冲突和团队信任对团队心智模式形成影响的实证研究[J]. 北京交通大学学报(社会科学版),2008(4):58-63.

间在任务方面的认知冲突对共享心智模型的形成具有正向影响①。

TMT 战略决策决定着组织绩效,而 TMT 战略决策行为受 TMT 认知驱动,有效和成功的战略往往要通过高管之间认知的交互影响才能达成,如 TMT 共享心智模型的作用等。TMT 认知冲突使 TMT 成员在战略决策过程中积极表达自己的看法和意见,并且认知冲突产生的异质性观点能激发 TMT 成员思考背后的原因和逻辑,促使 TMT 充分考虑、全面分析并综合大家的异质性信息,促进 TMT 仔细审查任务目标和环境,进而产生更多的启发性思考和建设性意见,促使团队成员系统而全面地审视和接纳与自己不同的观点,增进成员彼此之间对所讨论问题的认识,形成共享的信念和理解方式,从而促进 TMT 共享心智模型的形成。

由前面讨论分析可知,TMT 共享心智模型分为任务式共享心智模型与团队式共享心智模型两种结构类型。一方面,TMT 成员由于个人工作经历、认知能力、个人偏好等不同而对战略目标、竞争手段及环境感知等方面可能存在观点分歧,但这种观点差异未必会对组织产生负向影响。在适度的 TMT 认知冲突水平内,认知冲突水平越高的 TMT 成员之间更愿意敞开心扉,更自由地表达各自的看法和意见,这有助于 TMT 成员在争论中对任务有关问题的理解形成更加全面的认识并达成共识,并且在争论中思考将变得更具创造性,往往也会产生创造性解决问题的思路,因此,TMT 认知冲突对 TMT 任务式共享心智模型具有正向影响。另一方面,TMT 认知冲突使成员的异质性观点一一呈现出来,有助于增进成员之间的沟通互动,加深成员对彼此专长、风格、角色分布及互补性专长等方面的了解,因此,TMT 认知冲突对 TMT 团队式共享心智模型也具有正向影响。

---

① 白新文,黄明权.与上司冲突总是有害吗? 上下级任务冲突和关系冲突对共享心智模型及团队绩效的差异化影响[J].中国人力资源开发,2019,36(12):6-21.

◆ **3.6　本章小结** ◆

　　本章在明晰 TMT 共享心智模型分为任务式共享心智模型与团队式共享心智模型两种结构类型的基础上，聚焦团队自反性、团队凝聚力、有效沟通与认知冲突等 TMT 共享心智模型形成的关键驱动因素，厘清团队自反性、团队凝聚力、有效沟通与认知冲突的概念及内涵，探讨团队自反性维度、团队凝聚力维度、有效沟通的影响因素、认知冲突的管理及 TMT 认知冲突对绩效的影响，进而分析了团队自反性、团队凝聚力、有效沟通与认知冲突对 TMT 共享心智模型形成的影响。

第 4 章

基于团队生命周期的企业 TMT 共享心智模型结构特征

　　随着团队任务复杂性的增加,备受心理学、组织管理学等领域广泛关注的心智模型逐渐被应用到团队协作中,共享心智模型的概念也由此产生,并且共享心智模型已成为解释团队效能差异、预测和提升团队绩效的重要内容,为此,一些研究者开始聚焦共享心智模型的相关研究。由于共享心智模型是不断发展变化的,受研究方法、时间等因素的影响,对它进行研究存在一定的难度,因此共享心智模型动态发展方面的研究显得不足。尽管如此,也有少量学者对共享心智模型的动态发展过程进行了探索,何贵兵(2002)从认知的角度提出了共享心智模型演化的STC 机制,即共享心理模型在演化过程中主要发生了分布式分享、适应性转换和交互式构建三种知识迁移①;吕晓俊(2007)在知识分享等理论的基础上,构建了共享心智模型演化的四个阶段,分别是初始期、碰撞期、联结期和成熟期,并描述了每个阶段的活动内容②。上述研究都侧重从知识迁移或分享的角度来探讨共享心智模型的演化,而共享心智模型内涵中的态度、信念等成分却鲜有涉及。Langan-Fox 等(2004)在总结前人研究的基础上,提出了团队心智模型的发展模型,该模型将团队

---

① 何贵兵.群体动态决策的适应性行为及其内隐学习机制[D].杭州:浙江大学,2002.
② 吕晓俊.心智模型的阐释:结构、过程与影响[M].上海:上海人民出版社,2007.

心智模型的发展分为形成阶段、调整及流畅化阶段及高绩效阶段三个阶段[1]，但其关于团队心智模型发展演变的三阶段划分还停留在理论描述阶段，其有效性还没有得到实证支持。吴桐和张宜静（2023）认为随着时间推移，共享心智模型不断发展，团队成员在交互过程中会不断拥有共享的、有组织的以及专长的知识[2]。也有学者通过具体案例对团队共享心智模型的演变进行研究。Kerivel 等（2021）使用团队情境意识方法对年轻职业足球运动员在团队中的共享性演变进行研究，识别出年轻职业足球运动员在训练过程中的共享性知识结构[3]。Duan 等（2024）采用探索性个案研究，系统分析了跨学科研究团队中共享认知图式后，认为跨学科研究团队中共享认知图式经历了重叠认知图式、互补认知图式和协同认知图式三个阶段[4]。Yang 等（2019）采用因果循环图解法对某案例公司进行了长达 12 年的跟踪，发现案例公司 TMT 的共享心智模型随着时间的推移而变化，并且这一动态过程也会影响战略选择和企业绩效[5]。总的来说，以往少量关于共享心智模型动态发展的研究主要集中在虚拟团队、任务团队等方面，却很少将共享心智模型与 TMT 这种特殊类型团队结合起来并关注 TMT 共享心智模型的动态发展，而随着 TMT 生命历程的演进，TMT 共享心智模型也是不断向前变化发展的，TMT 共享心智模型将呈现不同的生命周期阶段特征。

以往以 TMT 为主题的阶段演变特征研究，主要体现在 TMT 冲突

[1] Langan-Fox J，Anglim J，Wilson J R. Mental models，team mental models，and performance：Process，development，and future directions ［J］. Human Factors and Ergonomics in Manufacturing & Service Industries，2004，14(4)：331-352.

[2] 吴桐，张宜静. 共享心智模型及其对人机团队绩效的影响[J]. 载人航天，2023，29(2)：276-284.

[3] Kerivel T，Bossard C，Feigean M，et al. Sharedness evolution within soccer team in training：A longitudinal study[J]. Le Travail Humain，2021，84(1)：63-87.

[4] Duan X N，Chang Y，Huang W，et al. How does a shared cognitive schema emerge and evolve in an interdisciplinary research team：A case study of IAM[J]. Journal of Organizational Change Management，2024，37(2)：318-339.

[5] Yang M M，Yang F F，Cui T R，et al. Analysing the dynamics of mental models using causal loop diagrams[J]. Australian Journal of Management，2019，44(3)：495-512.

的演变特征研究上。Jehn 与 Mannix(2001)揭示了高绩效 TMT 的冲突类型在互动初期、互动中期与互动后期的特征,依次表现为:高过程冲突、低关系冲突和低任务冲突;低过程冲突、低关系冲突和高任务冲突;高过程冲突、低关系冲突和低任务冲突[①]。这为本研究提供了有益的启示。

◆ 4.1 研究目的 ◆

本章重点关注高企业绩效的 TMT 共享心智模型的生命周期阶段特征,主要分析在 TMT 不同的生命周期阶段,TMT 是否存在特定的共享心智模型特征;如果存在,那么研究将进一步揭示共享心智模型的阶段特征。本章运用访谈法与问卷调查法来揭示和验证高企业绩效 TMT 共享心智模型演变的阶段特征,主要包含两方面内容:一是通过深度访谈获取与 TMT 共享心智模型演变相关的第一手资料,然后采用内容分析法对访谈内容进行深入分析与总结;二是通过问卷调查法佐证前面访谈的研究结果。

---

① Jehn K A, Mannix E A. The dynamic nature of conflict: A longitudinal study of intragroup conflict and group performance[J]. Academy of Management Journal,2001,44(2):238-251.

4.2.1　访谈提纲设计

随着 TMT 生命历程的演进,TMT 共享心智模型也不断地向前演变发展。对于成立时间较长的 TMT,研究时若仅采用问卷法截取横截面数据则很难获取研究所需要的翔实资料,而相比较而言,半结构化的访谈法可在一定程度上克服问卷法的上述不足,有利于捕捉和了解深层次信息,从而获取更加全面、丰富和动态的资料。因此,本研究采用半结构化深度访谈方式获取有关企业 TMT 共享心智模型阶段演变特征的第一手资料。本研究针对研究内容设计了企业及 TMT 背景资料、TMT 共享心智模型和企业绩效三个方面问题。

企业及 TMT 背景资料方面主要包括以下问题:

①企业成立的年限是多久、经营状况如何? ②TMT 组建时人员组成及内部分工情况如何? ③TMT 组建后成员的变化情况及目前现状如何?

TMT 共享心智模型方面主要包括以下问题:

①TMT 成员在战略目标、竞争手段、环境感知、运作规范及获取组织外部资源支持等方面的共识程度如何? 这些方面的共识程度在TMT 的不同发展阶段是否存在差异? ②TMT 成员对彼此在专长分布、风格分布、角色分布及专长互补等方面的了解程度如何? 这些方面的了解程度在 TMT 的不同发展阶段是否存在差异?

企业绩效方面主要包括以下问题:

①相对于竞争对手,对本企业销售增长的满意度如何? 相对于竞争

对手,对企业销售增长率的满意度如何? 相对于竞争对手,本企业市场份额的获取如何? ②相对于竞争对手,对本企业投资回报的满意度如何? 相对于竞争对手,本企业的净利润如何? 相对于竞争对手,本企业的投资利润率如何? 相对于竞争对手,对本企业销售利润率的满意度如何?

4.2.2　访谈实施

本研究共访谈了 25 家企业,访谈企业来自浙江、广西、湖南 3 省(区)。访谈的主要对象是企业总经理及企业资深高管两类人员,因为这些人员见证了企业的发展,有利于获悉全面的信息,对企业总经理的访谈可以了解企业 TMT 总体运行情况,对企业资深高管的访谈可以从侧面了解高管成员的感受。访谈时长为每人 1 小时左右,通过与 TMT 成员的深度访谈,并详细做好记录,获取第一手相关资料。

4.2.3　访谈材料分析

1)访谈材料分析方法

本研究采用内容分析法对访谈资料进行分析。内容分析法最初由 Krippendorff 在 19 世纪 60 年代末提出,是一种基于定量分析的定性研究方法。内容分析法主要是通过对信息内容的分析和归类,找出其特征并将其数量化[①]。目前,内容分析法根据不同的标准有不同的分类,根据分析的手段及过程特征,它可以分为解读式内容分析法、实证式内容分析法与计算机辅助内容分析法三类。解读式内容分析法是通过对内容的精读来理解并解释文本内容。实证式内容分析法包括定量内容分析法和定性内容分析法两种。其中,定量内容分析法指将文本内容划分为不同的特定类目,计算每类内容元素出现的频率,在此基础上描述明

---

① 雷蕾,徐艳梅.基于内容分析法的智力资本报表(InCaS)与中国企业的适配问题研究[J].数学的实践与认识,2014,44(14):231-242.

显的内容特征；而定性内容分析法则指对文本中的各概念要素之间的联系及组织结构进行描述和推理性分析(Bos 和 Tarnai,1999)[①]。计算机辅助内容分析法是借助计算机,运用内容分析软件进行内容分析的方法[②]。Chan 等(1997)指出内容分析法最初运用于传播学和政治学研究领域,随后在组织和战略管理领域得到广泛应用并被视为一种研究管理问题的有效方法[③]。

鉴于以往研究缺乏对 TMT 共享心智模型发展阶段特征的分析,本研究尝试通过内容分析法根据访谈的第一手资料分析 TMT 生命周期不同阶段的共享心智模型特征,并作为提出假设前的测试,进而获得 TMT 共享心智模型演变的阶段特征假设。根据研究的需要,本研究首先开发了 TMT 生命周期阶段编码表、TMT 共享心智模型编码表及企业绩效编码表；然后针对从 25 家访谈企业获取的 TMT 背景资料、TMT 共享心智模型与企业绩效方面的详细资料,采用定量的语义内容分析方法,以相对完整的句子作为最小分析单元进行定量编码归类；最后根据 TMT 生命周期的不同发展阶段进行分类,分别计算并记录下与之匹配的共享心智模型特征及企业绩效的数据。

根据事先设计的 TMT 生命周期阶段编码表、TMT 共享心智模型编码表、企业绩效编码表,以句子作为分析单元,并进行详细的分类编码,分析并获取 TMT 共享心智模型的阶段特征信息。按照 D′Aveni 与 MacMillan(1990)[④]、Kolbe 和 Burnett(1991)[⑤]等人提出的应用内容分

① Bos W,Tarnai C. Content analysis in empirical social research[J]. International Journal of Educational Research,1999,31(8):659-671.
② 邱均平,邹菲.国外内容分析法的研究概况及进展[J]. 图书情报知识,2003(6):6-8.
③ Chan K F,Lau T,Man T W Y . The entrepreneurial personality of small business owner-managers in Hong Kong:A critical incident analysis[J].Journal of Enterprising Culture,1997,5(3):249-271.
④ D′Aveni R A,MacMillan I C. Crisis and the content of managerial communications:A study of the focus of attention of top managers in surviving and failing firms[J]. Administrative Science Quarterly,1990,35(4):634-657.
⑤ Kolbe R H,Burnett M S. Content-analysis research:An examination of applications with directives for improving research reliability and objectivity[J]. Journal of Consumer Research,1991,18(2):243-250.

析技术时采用多于或等于2人进行编码的做法，本研究采用了由熟悉内容分析编码的1名管理学博士、1名企业管理专家与1名管理学博士生共3人进行编码。在预编码的基础上进一步修正与完善，然后进行正式编码。

2)编码表构建

根据普华永道发布的《2011年中国企业长期激励调研报告》，中国中小企业的平均寿命只有2.5年，集团企业的平均寿命只有7～8年，因而一般来说，企业在成立2～3年后大多处于震荡状态；存续时间在8年以上的企业，其TMT成员大多经历了TMT生命周期的4个阶段。当然，TMT生命周期阶段的变化还能在一定程度上从TMT成员的稳定性得到体现。一般来说，处于震荡期的TMT，成员离职比较频繁，成员不稳定；处于规范期的TMT，成员相对比较稳定；而处于执行期的TMT，成员则很少离职（因年龄、身体等原因除外），成员非常稳定。而对于成立年限较长但TMT成员不稳定的企业，团队发展阶段可视为又回到相邻的前一阶段。本研究主要根据企业成立的年限及高管成员的稳定性来确定TMT生命周期发展阶段，具体做法是：企业成立1年以内的，划归为形成期；企业成立2～3年，成员不稳定，以及企业成立4～7年，但成员不稳定、离职频繁的，划归为震荡期；企业成立4年以上且成员比较稳定的，划归为规范期；企业成立4年以上且成员稳定的，划归为执行期。TMT生命周期阶段编码表具体如表4-1所示。

表4-1　TMT生命周期阶段编码表

1.企业成立年限(　)　(1)1年以内　(2)2～3年　(3)4～7年　(4)8年以上	
2.高管成员稳定性(　)　(1)成员不稳定、离职频繁　(2)成员比较稳定　(3)成员稳定	
3.TMT发展阶段	形成期:1(1)+2(1);1(1)+2(2);1(1)+2(3)
	震荡期:1(2)+2(1);1(3)+2(1)
	规范期:1(3)+2(2);1(4)+2(2)
	执行期:1(3)+2(3);1(4)+2(3)

根据以往研究基础,将 TMT 共享心智模型分为任务式共享心智模型与团队式共享心智模型两种类型,二者的发展水平用很高、较高、一般、较低与很低等层次来表示,二者发展水平的组合将会产生如表 4-2 所示的组合形态。TMT 共享心智模型在生命周期的不同阶段具体表现出表 4-2 中的何种特征还有待内容分析与问卷调查分析的结果。

表 4-2　TMT 共享心智模型编码表

1.任务式共享心智模型(　)(1)很高　(2)较高　(3)一般　(4)较低　(5)很低	
2.团队式共享心智模型(　)(1)很高　(2)较高　(3)一般　(4)较低　(5)很低	
3. TMT 共享心智模型	很高任务式共享心智模型和很高团队式共享心智模型:1(1)+2(1)
	很高任务式共享心智模型和较高团队式共享心智模型:1(1)+2(2)
	很高任务式共享心智模型和一般团队式共享心智模型:1(1)+2(3)
	很高任务式共享心智模型和较低团队式共享心智模型:1(1)+2(4)
	很高任务式共享心智模型和很低团队式共享心智模型:1(1)+2(5)
	较高任务式共享心智模型和很高团队式共享心智模型:1(2)+2(1)
	较高任务式共享心智模型和较高团队式共享心智模型:1(2)+2(2)
	较高任务式共享心智模型和一般团队式共享心智模型:1(2)+2(3)
	较高任务式共享心智模型和较低团队式共享心智模型:1(2)+2(4)
	较高任务式共享心智模型和很低团队式共享心智模型:1(2)+2(5)
	一般任务式共享心智模型和很高团队式共享心智模型:1(3)+2(1)
	一般任务式共享心智模型和较高团队式共享心智模型:1(3)+2(2)

3.TMT 共享心智模型	一般任务式共享心智模型和一般团队式共享心智模型:1(3)+2(3) 一般任务式共享心智模型和较低团队式共享心智模型:1(3)+2(4) 一般任务式共享心智模型和很低团队式共享心智模型:1(3)+2(5) 较低任务式共享心智模型和很高团队式共享心智模型:1(4)+2(1) 较低任务式共享心智模型和较高团队式共享心智模型:1(4)+2(2) 较低任务式共享心智模型和一般团队式共享心智模型:1(4)+2(3) 较低任务式共享心智模型和较低团队式共享心智模型:1(4)+2(4) 较低任务式共享心智模型和很低团队式共享心智模型:1(4)+2(5) 很低任务式共享心智模型和很高团队式共享心智模型:1(5)+2(1) 很低任务式共享心智模型和较高团队式共享心智模型:1(5)+2(2) 很低任务式共享心智模型和一般团队式共享心智模型:1(5)+2(3) 很低任务式共享心智模型和较低团队式共享心智模型:1(5)+2(4) 很低任务式共享心智模型和很低团队式共享心智模型:1(5)+2(5)

关于企业绩效,根据访谈研究中所涉及的成长绩效、利润绩效两方面评价企业绩效的高低,具体做法是:如果上述两个方面的评价有两个较低或一个较低且另一个一般,划归为低绩效企业;如果上述两个方面的评价都一般或只有一个为较高的,划归为一般绩效企业;如果上述两个方面的评价都较高,划归为高绩效企业。具体见表 4-3。

表 4-3 企业绩效编码表

1. 成长绩效( ) (1)较低 (2)一般 (3)较高	
2. 利润绩效( ) (1)较低 (2)一般 (3)较高	
3. 企业绩效	低:1(1)+2(1);1(1)+2(2);1(2)+2(1) 一般:1(2)+2(2);1(1)+2(3);1(3)+2(1); 　　　1(2)+2(3);1(3)+2(2) 高:1(3)+2(3)

3) 访谈资料内容分析结果

(1) 内容分析结果的信度和效度检验。

信度和效度检验是保证研究结果的客观性与真实性必不可少的环节。信度是指文献编码的一致性、分类准确性及方法稳定性的水平,而效度是指结论与事实的相符程度及理论研究的适用性[①]。

Perreault 和 Leigh(1989)[②]、李本乾(2000)[③]等人认为,内容分析的信度一般可以通过计算编码者的一致性程度得出,本研究参考丁岳枫(2006)给出的编码信度检验的计算公式[④]:

$$CA = \frac{T1 \cap T2 \cap T3}{T1 \cup T2 \cup T3} \tag{4-1}$$

其中,CA 表示编码信度,T1、T2、T3 分别表示编码者甲、乙、丙的编码个数,即编码信度可以用甲、乙、丙三个编码者在各个类别上编码结果的"交集"除以各个类别上编码结果的"并集"来表示。内容分析中编码者一致性系数在 0.80 以上为可接受水平,在 0.90 以上为较好水

① 邱均平,邹菲. 国外内容分析法的研究概况及进展[J]. 图书情报知识,2003(6):6-8.
② Perreault Jr W D,Leigh L E. Reliability of nominal data based on qualitative judgments[J]. Journal of Marketing Research,1989,26(2):135-148.
③ 李本乾. 描述受众特征 揭示因果关系——调查研究法简介[J]. 当代传播,2000(3):38-40.
④ 丁岳枫. 创业组织学习与创业绩效关系研究[D]. 杭州:浙江大学,2006.

平①②。TMT 生命周期阶段要素中企业成立年限、高管成员稳定性的编码者一致性系数分别为 1.00、0.92，TMT 共享心智模型要素中任务式共享心智模型、团队式共享心智模型的编码者一致性系数分别为 0.85、0.82，企业绩效要素中成长绩效、利润绩效的编码者一致性系数分别为 0.87、0.93，各项目的编码者一致性系数均在 0.80 以上，达到可接受的信度水平。

在内容分析的效度上，本研究中 TMT 生命周期阶段编码表、TMT 共享心智模型编码表及企业绩效编码表都是在以往文献及调研访谈实践基础上设计的，因而确保了内容分析是建立在可靠的理论基础之上，并且编码人员都拥有较丰富的编码经验，这也进一步保证了本研究的内容分析具有较高的效度。

（2）内容分析描述性统计分析结果。

在所调研的 25 家企业中，在 TMT 生命周期阶段上，处于生命周期中规范期的 TMT 占了较大比重，为 32.00%，处于形成期、震荡期与执行期的 TMT 所占比重分别为 20.00%、24.00% 与 24.00%。在企业绩效上，高绩效企业占 60.00%，低绩效和一般绩效企业分别占 16.00% 和 24.00%。在 TMT 共享心智模型水平上，较低任务式共享心智模型与较低团队式共享心智模型的频次最高，占总数的 28%；其次是较高任务式共享心智模型与很高团队式共享心智模型，其频次占总数的 24.00%；而一般任务式共享心智模型与较低团队式共享心智模型、较低任务式共享心智模型与一般团队式共享心智模型出现的频次最低，均为 8.00%。

从内容分析所反映的现阶段 TMT 共享心智模型特征归类频次来

① Insch G S，Moore J E，Murphy L D. Content analysis in leadership research：Examples，procedures，and suggestions for future use[J]. The Leadership Quarterly，1997，8(1)：1-25.

② Ormerod R J. Is content analysis either practical or desirable for research evaluation？[J]. Omega，2000，28(2)：241-245.

看,处于形成期的高绩效企业 TMT 有 3 个,其中 2 个 TMT 共享心智模型表现为一般任务式共享心智模型与较低团队式共享心智模型的特征形态,1 个 TMT 共享心智模型表现为较低任务式共享心智模型与较低团队式共享心智模型的特征形态,这主要是由于行业成长非常快;处于形成期的低绩效企业 TMT 有 1 个,其共享心智模型表现为较低任务式共享心智模型与较低团队式共享心智模型的特征形态;处于形成期的一般绩效企业 TMT 有 1 个,其共享心智模型表现为较低任务式共享心智模型与较低团队式共享心智模型的特征形态。处于震荡期的高绩效企业 TMT 有 2 个,TMT 共享心智模型表现为较低任务式共享心智模型与一般团队式共享心智模型的特征形态;处于震荡期的低绩效企业 TMT 有 3 个,其共享心智模型表现为较低任务式共享心智模型与较低团队式共享心智模型的特征形态;处于震荡期的一般绩效企业 TMT 有 1 个,其共享心智模型表现为较低任务式共享心智模型与较低团队式共享心智模型的特征形态。处于规范期的高绩效企业 TMT 有 4 个,TMT 共享心智模型大部分表现为一般任务式共享心智模型与较高团队式共享心智模型的特征形态;处于规范期的一般绩效企业 TMT 有 4 个,其共享心智模型表现为一般任务式共享心智模型与一般团队式共享心智模型的特征形态。处于执行期的高绩效企业 TMT 有 6 个,其共享心智模型都表现为较高任务式共享心智模型与很高团队式共享心智模型的特征形态。

同时,为了对单个 TMT 有一个纵向的直观了解,本研究针对已发展到一定阶段的 TMT,如处于震荡期、规范期或执行期的 TMT,研究追溯其在前面生命周期阶段共享心智模型的特征表现,并对这些信息进行频次统计。对每家受访企业 TMT 生命周期的各个阶段的情况进行逐个编码,如对于目前处于规范期的企业 TMT,本研究针对其目前所处阶段的情况进行编码,同时根据所访谈高管对形成期、震荡期情况的回忆进行再编码;又如对于目前处于执行期的企业 TMT,本研究针对其形成期、震荡期、规范期及执行期的阶段情况进行编码。从频次分析的结果可以看出,高绩效企业 TMT 在形成期的主要共享心智模型特征形态是一般任务式共享心智模型与较低团队式共享心智模型,共 12 个,11 个高绩效企业 TMT 在震荡期的共享心智模型特征形态是较低任务式共享心智模型与一般团队式共享心智模型,10 个高绩效企业 TMT 在规范期的共享心智模型特征形态是一般任务式共享心智模型与较高团队式共享心智模型,6 个高绩效企业 TMT 在执行期的共享心智模型的特征形态是较高任务式共享心智模型与很高团队式共享心智模型。这个规律与上述 TMT 现阶段共享心智模型特征归类频次所反映的情况基本类似。

4.2.4　访谈研究小结

1)TMT 存在不同的共享心智模型特征

将 TMT 任务式共享心智模型与团队式共享心智模型的等级水平分为很高、较高、一般、较低与很低 5 个等级,TMT 任务式共享心智模型与团队式共享心智模型的等级水平的组合可以反映不同的 TMT 共享心智模型特征。访谈发现研究样本存在 6 种不同的 TMT 共享心智模型特征:一般任务式共享心智模型与较低团队式共享心智模型、较低任务式共享心智模型与较低团队式共享心智模型、较低任务式共享心智模型与一般团队式共享心智模型、一般任务式共享心智模型与较高团队式共享心智模型、一般任务式共享心智模型与一般团队式共享心智模型、较高任务式共享心智模型与很高团队式共享心智模型。

2)TMT 共享心智模型的阶段特征

从访谈的 25 家企业样本的内容分析结果可以得出初步的结论,高绩效企业 TMT 在形成期主要的共享心智模型特征是一般任务式共享心智模型与较低团队式共享心智模型,在震荡期主要的共享心智模型特征是较低任务式共享心智模型与一般团队式共享心智模型,在规范期主要的共享心智模型特征是一般任务式共享心智模型与较高团队式共享心智模型,在执行期主要的共享心智模型特征是较高任务式共享心智模型与很高团队式共享心智模型。

◆　**4.3　研究假设及问卷设计**　◆

4.3.1　研究假设

1)TMT 共享心智模型结构的阶段差异特征假设

在以往共享心智模型研究中,不但一些学者认为共享心智模型是动态变化的,还有部分学者开始探讨共享心智模型的阶段差异性。Langan-Fox 等(2004)把团队心智模型的发展描述为 3 个不同的阶段:团队形成与发展阶段、团队过程和交互作用阶段及专家共享心智模型阶段[①]。白新文等(2006)的研究表明,团队作业模型和团队互动模型这两类共享心智模型的发展存在阶段差异性[②]。吕晓俊(2007)基于知识分享理论提出了共享心智模型发展演化的 4 个差异性阶段,即初始期表现为个人心智模型,碰撞期表现为知识代码化、收集和博弈,联结期表现为知识迁移、分享和创新,成熟期表现为共享的专家心智模型[③]。但是,以往的共享心智模型研究缺乏将 TMT 与共享心智模型结合起来并且研究 TMT 共享心智模型的阶段特征。

从前述 TMT 共享心智模型结构的探讨可知,TMT 共享心智模型分为任务式共享心智模型与团队式共享心智模型两种类型,其中任务式共享心智模型与以往研究中的重叠、相似或认同等含义相对应,主要体

---

①　Langan-Fox J,Anglim J,Wilson J R. Mental models,team mental models,and performance:Process,development,and future directions [J]. Human Factors and Ergonomics in Manufacturing & Service Industries,2004,14(4):331-352.

②　白新文,王二平,周莹,等.团队作业与团队互动两类共享心智模型的发展特征[J].心理学报,2006(4):598-606.

③　吕晓俊.心智模型的阐释:结构、过程与影响[M].上海:上海人民出版社,2007.

现高管成员在战略目标、竞争手段、环境感知、运作规范及获取组织外部资源支持等方面是否具有重叠或一致的知识结构、态度及信念;而团队式共享心智模型与以往研究中的相容或互补及分布等含义相对应,主要体现高管成员在专长、风格、角色等方面的分布或互补的知识结构、态度及信念。熊斌等(2015)验证了团队凝聚力、有效沟通、认知冲突等TMT互动动力特征在团队生命周期的不同阶段存在显著差异[①],而由前述分析可知,团队凝聚力、有效沟通、认知冲突等因素是TMT共享心智模型形成的动因,因而这些因素在团队生命周期不同阶段的差异性驱动着TMT共享心智模型向前演变发展并表现出生命周期不同阶段的差异性,即随着TMT生命周期历程的演进,TMT成员在战略目标、竞争手段、环境感知、运作规范及获取组织外部资源支持等方面的共识程度在TMT生命周期的不同阶段存在差异,并且TMT成员对彼此在专长分布、风格分布、角色分布及专长互补等方面的了解程度在TMT生命周期的不同阶段也存在差异。因此,本研究提出如下假设:

假设1a:TMT的任务式共享心智模型在生命周期不同阶段存在显著差异。

假设1b:TMT的团队式共享心智模型在生命周期不同阶段存在显著差异。

2)TMT 共享心智模型的阶段演变特征假设

尽管少量研究涉及共享心智模型的阶段差异性探讨,但这些研究大都停留在理论描述阶段,缺乏对这方面的实证研究,特别鲜见TMT共享心智模型的阶段演变特征的实证研究。团队生命周期理论认为,一个团队的生命周期包括形成期、震荡期、规范期及执行期4个阶段,尽管不是每个团队都必将依次经历这4个生命周期阶段,但对于已历经一定年

---

① 熊斌,葛玉辉,陈思婷.高管团队共享心智模型构建导向的互动动力特征[J].商业研究,2015(4):154-163.

限的团队来说,绝大部分都会经历这4个生命周期阶段。而对于处于不同生命周期阶段的 TMT 而言,其共享心智模型也会呈现不同的特征。

企业 TMT 在形成期,由于成员之间缺乏工作上的磨合及情感上的交流,彼此对对方专长能力、处事风格的了解程度较浅。而这个阶段的 TMT 如要取得高绩效,TMT 成员必须在企业发展战略、竞争策略、外部环境解读等方面有一定程度的共识,只有这样成员才会对企业发展充满期盼,工作起来才有热情与动力,团队成员的行为也才会表现出以任务为导向,从而有利于任务目标的达成。因此,形成期的高绩效企业 TMT 的任务式共享心智模型表现为一般水平,而团队式共享心智模型表现为较低水平,当然个别基于较低任务式共享心智模型与较低团队式共享心智模型特征形态的 TMT 也可能表现出高绩效,这主要是因为其所处行业环境特别有利或拥有特定的资源。基于以上分析,本研究提出如下假设:

假设 2a:高绩效企业 TMT 在形成期的共享心智模型主要表现为一般任务式共享心智模型与较低团队式共享心智模型的特征形态。

处于震荡期的企业 TMT,其成员开始主动充分表达自己的观点,由于成员的异质性,团队内部矛盾开始显现,情感冲突随之浮现,成员的注意力更多聚焦在人际关系的处理上,对团队任务的关注变少。这个阶段的 TMT 如要取得高绩效,TMT 成员需加强彼此的沟通交流,促进彼此对对方专长能力、处事风格、工作角色等方面的了解,只有这样成员之间信息交换的针对性才会增强,成员主动寻求沟通与交流的积极性才会提高,成员之间将会表现出包容的心态,持异议的成员也将会保留自己的意见而选择趋众或接受团队权威者的观点,因为成员之间若没有一定程度的相互支持与了解,就不足以支撑 TMT 表现出高绩效。因此,与形成期相比,在震荡期的高绩效企业 TMT 的任务式共享心智模型水平有所下降,表现为较低水平;而团队式共享心智模型水平有所提高,表现为一般水平。基于以上分析,本研究提出如下假设:

假设 2b：高绩效企业 TMT 在震荡期的共享心智模型主要表现为较低任务式共享心智模型与一般团队式共享心智模型的特征形态。

企业 TMT 从震荡期过渡到规范期后，随着企业业务的不断扩大，团队面临的外部环境日渐复杂，团队在互动过程中也会面临更多的不确定事件。这个阶段的 TMT 如要取得高绩效，一方面需要 TMT 成员必须关注团队任务与目标，尽管成员彼此在团队任务与目标、竞争策略等方面的分歧很难消除，但要确保成员彼此在这些方面有一定程度的共识；另一方面需要 TMT 成员进一步加强彼此的沟通交流，尊重成员的个性差异，明确各自承担的角色，通过加深对彼此专长的了解减少决策与讨论时的杂音，促成共识较快达成，同时成员之间的较深入互动能增强彼此的信任，使成员之间愿意相信彼此的专长能发挥互补效应且都是完成团队任务所需要的。因此，与震荡期相比，在规范期的高绩效企业 TMT 的任务式共享心智模型水平有所回升，表现为一般水平；而团队式共享心智模型水平继续上升，表现为较高水平。基于以上分析，本研究提出如下假设：

假设 2c：高绩效企业 TMT 在规范期的共享心智模型主要表现为一般任务式共享心智模型与较高团队式共享心智模型的特征形态。

企业 TMT 从规范期过渡到执行期后，TMT 要取得高绩效，一方面需要 TMT 成员高度认同任务目标，确保成员的注意力聚焦到如何快速实现团队任务目标上来，此时遵守团队规范应成为成员的自觉行为，成员在竞争策略、环境感知及获取组织外部资源支持等方面也应基本达成共识，默契已经形成；另一方面需要 TMT 成员之间高效互动，使彼此对对方的知识专长、行事风格、工作职责等方面非常熟悉，一旦新任务来临，彼此都知道自己应该承担的角色与所发挥的作用。因此，与规范期相比，在执行期的高绩效企业 TMT 的任务式共享心智模型水平继续上升，表现为较高水平；而团队式共享心智模型水平一直延续上升的态势，表现为很高水平。基于以上分析，本研究提出如下假设：

假设 2d：高绩效企业 TMT 在执行期的共享心智模型主要表现为较高任务式共享心智模型与很高团队式共享心智模型的特征形态。

4.3.2 问卷设计

1)研究样本与数据收集

本研究问卷调查的样本来自湖南、浙江、广西等地的 142 家企业,共向这些企业的 TMT 成员发放问卷 564 份,共回收 128 家企业的 426 份问卷,剔除填写不合格的问卷后,最终得到 125 家企业的 398 份有效问卷,有效回收率为 70.6%。样本的描述性统计如下:男性高管和女性高管分别占 76.8%和 23.2%;高管年龄以 36～45 岁为主,占 37.7%;教育程度以专科为主,占 38.3%;入职年限大多数在 3 年以上,占 39.9%;企业以民营企业为主,占 76.0%。

2)变量设计

本研究中的 TMT 共享心智模型量表采用熊斌(2016)[①]的量表,该量表在参考 Mathieu 等(2000)[②]、金杨华等(2006)[③]、王黎萤(2009)[④]、周晓东和李凯(2013)[⑤]等学者研究成果的基础上编制而成,并已证实具有较高的信度与效度。该量表包括任务式共享心智模型与团队式共享心智模型两个方面内容,其中任务式共享心智模型包括"高管成员对团队运作规范具有共识"等 5 个项目,团队式共享心智模型包括"高管成员彼此了解对方的知识结构及专长"等 4 个项目。TMT 共享心智模型量

---

① 熊斌.高管团队共享心智模型对团队绩效的影响机制研究[M].成都:电子科技大学出版社,2016.

② Mathieu J E,Heffner T S,Goodwin G F,et al. The influence of shared mental models on team process and performance[J]. Journal of Applied Psychology,2000,85(2):273-283.

③ 金杨华,王重鸣,杨正宇.虚拟团队共享心理模型与团队效能的关系[J]心理学报,2006(2):288-296.

④ 王黎萤.研发团队创造气氛、共享心智模型与团队创造力研究[D].杭州:浙江大学,2009.

⑤ 周晓东,李凯.共享心智模型对高管团队战略决策质量影响的实证研究[J].南华大学学报(社会科学版),2013,14(1):49-54.

表共 9 个项目,采用 5 点量表。绩效量表采用 Venkatraman(1989)的业务绩效量表,包括成长绩效和利润绩效两个方面内容,成长绩效包括"相对于竞争对手,对企业销售增长的满意度"等 3 个项目,利润绩效包括"相对于竞争对手,对企业投资回报的满意度"等 4 个项目。绩效量表共 7 个项目,采用 5 点量表[①]。

3)数据分析

本研究首先对高绩效企业 TMT、一般绩效企业 TMT 与低绩效企业 TMT 进行区分。将 TMT 绩效得分按从高到低的顺序进行排序,以 35 百分位和 65 百分位的数值为界,高于 65 百分位值的样本表示高绩效企业 TMT,低于 35 百分位值的样本表示低绩效企业 TMT,其余样本表示一般绩效企业 TMT。从 TMT 绩效得分可以看出,125 个样本中,高绩效企业 TMT 有 53 个,一般绩效企业 TMT 有 47 个,低绩效企业 TMT 有 25 个,所占百分比分别为 42.4%、37.6% 与 20.0%。本研究主要分析高绩效企业 TMT 共享心智模型的阶段差异性。

高绩效企业 TMT 共享心智模型阶段差异性的描述性检验如表 4-4 所示,从表中可以看出高绩效企业 TMT 的任务式共享心智模型与团队式共享心智模型在 TMT 生命周期中的 4 个阶段的样本分布、平均值和标准差。处于形成期、震荡期、规范期及执行期的高绩效企业 TMT 数量分别为 9 个、5 个、19 个、20 个。从共享心智模型水平在各个阶段的平均值来看,任务式共享心智模型水平在 4 个不同阶段的平均值分别为 3.156、2.614、3.282、4.389,团队式共享心智模型水平在 4 个不同阶段的平均值分别为 2.812、3.121、4.303、4.686。任务式共享心智模型水平在 TMT 生命周期 4 个阶段的平均值从高到低依次为执行期、规范期、形成期与震荡期,团队式共享心智模型水平在 TMT 生命周期 4 个

① Venkatraman N. Strategic orientation of business enterprises:The construct,dimensionality, and measurement[J]. Management Science,1989,35(8):942-962 .

阶段的平均值从高到低依次为执行期、规范期、震荡期与形成期。

表 4-4　高绩效企业 TMT 不同生命周期阶段共享心智模型描述性检验（$N = 53$）

TMT 共享心智模型	团队生命周期阶段	样本数/个	平均值	标准差
任务式共享心智模型	形成期	9	3.156	0.463
	震荡期	5	2.614	0.369
	规范期	19	3.282	0.419
	执行期	20	4.389	0.382
团队式共享心智模型	形成期	9	2.812	0.291
	震荡期	5	3.121	0.630
	规范期	19	4.303	0.573
	执行期	20	4.686	0.438

本研究对 53 家高绩效企业 TMT 样本进行方差分析，用 1、2、3 和 4 分别代表 TMT 形成期、震荡期、规范期和执行期，由组间比较的方差结果可以看出（见表 4-5），任务式共享心智模型与团队式共享心智模型在 TMT 生命周期不同阶段有显著的差异，任务式共享心智模型的 F 值为 17.911，显著性水平为 0.000；团队式共享心智模型的 F 值为 43.148，显著性水平为 0.000。组间比较显示，在形成期、震荡期、规范期和执行期 4 个阶段，任务式共享心智模型的水平表现为执行期＞规范期＞形成期＞震荡期，团队式共享心智模型水平表现为执行期＞规范期＞震荡期＞形成期，具体变化刻画如图 4-1 所示。

表 4-5　高绩效企业 TMT 共享心智模型阶段方差分析（$N = 53$）

TMT 共享心智模型	平方和	df	均方	F	Sig.	组间比较
任务式共享心智模型	14.326	3	4.775	17.911 ***	0.000	4＞3＞1＞2
团队式共享心智模型	21.644	3	7.215	43.148 ***	0.000	4＞3＞2＞1

注：*** 表示在 $P < 0.001$ 水平显著；** 表示在 $P < 0.01$ 水平显著；* 表示在 $P < 0.05$ 水平显著。

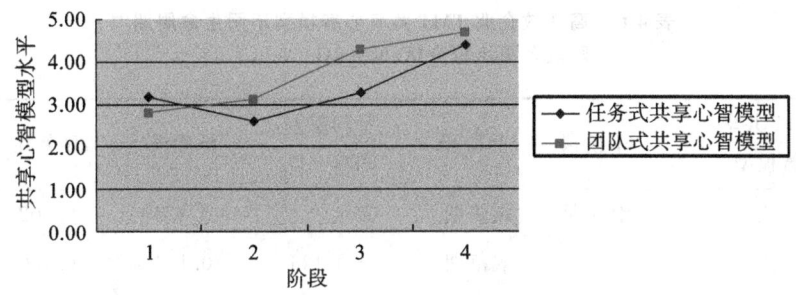

图 4-1　高绩效企业 TMT 共享心智模型阶段差异性分析

表 4-6 所示是对 TMT 共享心智模型两维度在不同生命周期阶段发展水平平均值差的比较,任务式共享心智模型在形成期与震荡期、形成期与执行期、震荡期与规范期、震荡期与执行期及规范期与执行期之间的差异显著,但形成期与规范期之间的差异不显著,其中形成期与震荡期之间的差异在 $P<0.01$ 水平上显著,形成期与执行期、震荡期与规范期、震荡期与执行期及规范期与执行期之间的差异均在 $P<0.001$ 水平上显著;团队式共享心智模型在形成期与规范期、形成期与执行期、震荡期与规范期、震荡期与执行期及规范期与执行期之间的差异显著,但形成期与震荡期之间的差异不显著,其中形成期与规范期、形成期与执行期、震荡期与规范期及震荡期与执行期的差异均在 $P<0.001$ 水平上显著,规范期与执行期之间的差异在 $P<0.05$ 水平上显著。这说明 TMT 任务式共享心智模型从形成期到震荡期呈现下降的趋势,过渡到规范期后呈现上升的趋势,但上升的幅度不大,进入执行期后则有大幅提升;而团队式共享心智模型从形成期到震荡期呈现小幅上升,过渡到规范期后有大幅提升,进入执行期后又呈现小幅上升的趋势。这种变化整体比较而言,团队式共享心智模型比任务式共享心智模型明显。

表 4-6 　高绩效企业 TMT 共享心智模型不同生命周期
阶段多重比较分析(N＝53)

TMT 共享心智模型	(I)阶段	(J)阶段	平均值差 (I)—(J)	标准误	显著性
任务式共享心智模型	形成期	震荡期	0.542**	0.228	0.002
		规范期	−0.126	0.166	0.100
		执行期	−1.233***	0.164	0.000
	震荡期	形成期	−0.542**	0.228	0.002
		规范期	−0.668***	0.205	0.000
		执行期	−1.775***	0.205	0.000
	规范期	形成期	0.126	0.166	0.100
		震荡期	0.668***	0.205	0.000
		执行期	−1.107***	0.131	0.000
	执行期	形成期	1.233***	0.164	0.000
		震荡期	1.775***	0.205	0.000
		规范期	1.107***	0.131	0.000
团队式共享心智模型	形成期	震荡期	−0.309	0.288	0.706
		规范期	−1.491***	0.209	0.000
		执行期	−1.874***	0.207	0.000
	震荡期	形成期	0.309	0.288	0.706
		规范期	−1.182***	0.260	0.000
		执行期	−1.565***	0.258	0.000
	规范期	形成期	1.491***	0.209	0.000
		震荡期	1.182***	0.260	0.000
		执行期	−0.383*	0.165	0.025
	执行期	形成期	1.847***	0.207	0.000
		震荡期	1.565***	0.258	0.000
		规范期	0.383*	0.165	0.025

　　注：*** 表示在 $P<0.001$ 水平显著；** 表示在 $P<0.01$ 水平显著；* 表示在 $P<0.05$ 水平显著。

绘制高绩效企业 TMT 共享心智模型阶段特征的散点图可以进一步看出其变化特征（见图 4-2）：处于形成期的高绩效企业 TMT 基本上处于一般任务式共享心智模型与较低团队式共享心智模型水平的区域；处于震荡期的高绩效企业 TMT 主要处于较低任务式共享心智模型与一般团队式共享心智模型水平的区域；处于规范期的高绩效企业 TMT 主要处于一般任务式共享心智模型与较高团队式共享心智模型水平的区域；处于执行期的高绩效企业 TMT 主要处于较高任务式共享心智模型与很高团队式共享心智模型水平的区域。而少数处于较低任务式共享心智模型与较低团队式共享心智模型的形成期企业 TMT，也能取得高绩效，这说明 TMT 共享心智模型之外的一些因素在起作用，如行业因素、拥有特定的资源等。总之，从 TMT 生命周期的整个历程来看，TMT 共享心智模型总体上经历了一般水平任务式共享心智模型与较低水平团队式共享心智模型、较低水平任务式共享心智模型与一般水平团队式共享心智模型、一般水平任务式共享心智模型与较高水平团队式共享心智模型、较高水平任务式共享心智模型与很高水平团队式共享心智模型的发展变化过程。

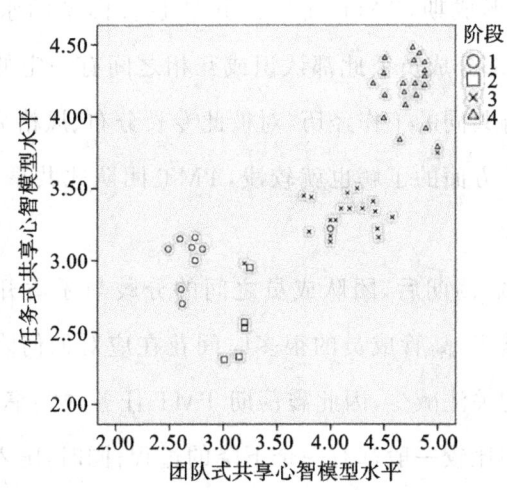

图 4-2 高绩效企业 TMT 共享心智模型阶段特征散点图

◆ **4.4 结果分析** ◆

4.4.1 企业 TMT 共享心智模型结构的生命周期阶段差异特征

由上述分析可知,企业 TMT 共享心智模型在团队生命周期的不同发展阶段存在显著差异,任务式共享心智模型的水平表现为执行期＞规范期＞形成期＞震荡期,团队式共享心智模型的水平表现为执行期＞规范期＞震荡期＞形成期。因此,假设 la、lb 成立。

在 TMT 形成期,TMT 成员对企业的发展愿景比较充满信心,这也是彼此能走到一起的原因,在这个阶段成员都是以任务为导向的,但成员之间在围绕战略目标的实现上采取何种竞争手段及获取组织外部资源支持等方面的分歧还存在,对环境感知及团队运作规范上的理解也存在差异,因此在形成期,TMT 任务式共享心智模型的水平不高;尽管 TMT 成立时大部分成员彼此都认识或互相之间有一定的了解,但由于他们一般都没有共同的工作经历,对彼此专长分布、风格分布、角色分布及互补性专长等方面的了解也就较浅,TMT 团队式共享心智模型的水平停留在浅层次。

TMT 进入震荡期后,团队成员之间的分歧与矛盾开始显现,人际关系开始变得紧张,高管成员的很多时间花在应对如何降低内耗上,对团队任务方面的关注减少,因此震荡期 TMT 任务式共享心智模型的水平与前一阶段相比较一般都有一个下降的过程;同时,随着时间的推移,高管成员彼此对各自专长等方面的了解有所增加,但这种认知可能是建立在不信任的基础上,随着情感冲突的升级,高管成员对其他成员的专长是否能真正给团队带来益处还心存疑问,对成员表现出来与前一阶段不同的风格也认为还需时日观察,因此这一阶段的 TMT 团队式共享心智模型水平有所上升但上升幅度不会很大。

TMT 进入规范期后,随着成员之间互动的深入和有效沟通的增加,成员之间的紧张关系逐渐走向缓和,成员对团队任务的认识逐渐加深,在战略目标、竞争手段、环境感知、运作规范及获取组织外部资源支持等方面的共识水平开始逐渐提升,但由于震荡期 TMT 任务式共享心智模型的水平出现了下降的过程,因而尽管与前两个阶段相比,规范期 TMT 任务式共享心智模型的水平得到了提升,但总的来说此阶段的 TMT 任务式共享心智模型水平回升较慢且仍处于不高水平;随着高管成员对彼此的知识专长、行事风格、工作职责等方面的认识加深,沟通协调的方法与技巧也得到提高,TMT 团队式共享心智模型将一直延续前两个阶段上升的趋势。

TMT 进入执行期后,高管成员的目光聚焦在团队任务上,在战略目标、竞争手段、环境感知、运作规范及获取组织外部资源支持等方面的共识程度得到进一步提高,同时成员之间对彼此的知识专长、行事风格、工作职责等方面非常熟悉,一旦新任务来临,彼此都知道自己应该承担的角色,并且依靠已经建立的团队规范与标准化流程进行沟通,成员之间能够通力合作,因而 TMT 任务式共享心智模型与团队共享心智模型的水平也会得到进一步提升。

4.4.2 企业 TMT 共享心智模型结构的生命周期阶段特征

由上述分析可知,企业 TMT 共享心智模型在形成期主要表现为一般任务式共享心智模型与较低团队式共享心智模型的特征形态,在震荡期主要表现为较低任务式共享心智模型与一般团队式共享心智模型的特征形态,在规范期主要表现为一般任务式共享心智模型与较高团队式共享心智模型的特征形态,在执行期主要表现为较高任务式共享心智模型与很高团队式共享心智模型的特征形态。因此,假设 2a、2b、2c、2d 成立。

在 TMT 形成期,TMT 共享心智模型主要表现出一般任务式共享心智模型与较低团队式共享心智模型的特征形态。一方面,这个阶段的高管成员一般比较看好企业的发展前景,对 TMT 制定的战略目标也都比较认同,但在涉及竞争策略选择、获取外部资源、团队运作规范等方面的认识上分歧依然存在,只不过这个阶段的 TMT 成员一般可能会保留自己与其他成员相异的意见而倾向从众或接受 TMT 领导者的观点,总的来说,这个阶段的 TMT 任务式共享心智模型表现为一般水平;另一方面,由于共同工作经历的缺乏,成员之间的互动不够深入,甚至有的团队成员之间的交往还显得比较谨慎,因而成员对彼此的专长、行事风格的了解还停留在浅层次,对彼此角色的认识还比较模糊,成员专长是否存在互补则很少被考虑,因而此阶段的团队式共享心智模型表现为较低水平。

在 TMT 震荡期,TMT 共享心智模型主要表现出较低任务式共享心智模型与一般团队式共享心智模型的特征形态。一方面,TMT 成员的异质性使团队内部冲突加剧,成员之间一度变得互相猜疑和不满,团队开始出现裂缝,成员之间对团队任务方面的话题探讨减少,而更多的时间耗在如何维系团队人际关系上,并且外部环境的动荡变化可能使成员对团队目标动摇,在这个阶段成员要求表达与团队相对立的个性,对规范也尚未形成共同看法,因此,此阶段的 TMT 任务式共享心智模型表现出相对于前阶段的较低水平;另一方面,在这个阶段中,TMT 成员对彼此承担的责任与角色的认识有所加深,但情感冲突的升级使彼此对各自的专长是否能发挥互补效应还存在疑虑,由于成员个性在这个阶段得到较充分的释放,成员对彼此风格的认识有所加深,但这个阶段由于彼此之间信任程度不高,彼此觉得这种认识还有待进一步检验与修正,因此,此阶段的 TMT 团队式共享心智模型水平与前阶段相比有小幅提升，但总体仍表现为一般水平。

在 TMT 规范期，TMT 共享心智模型主要表现为一般任务式共享心智模型与较高团队式共享心智模型的特征形态。一方面，TMT 成员之间紧张的人际关系开始解冻，成员将注意力逐渐聚焦到团队任务目标上来，相互之间表现出更多的支持与合作，并对不同的观点表现出更多的理解和包容，团队开始逐步建立所有成员普遍接受和愿意遵从的工作规范，在竞争手段、环境感知、获取组织外部资源支持等方面的共识水平也开始逐渐回升，但由于前一阶段 TMT 任务式共享心智模型出现低谷，规范期 TMT 任务式共享心智模型的水平尽管稳步回升，但总体来说表现为一般水平；另一方面，随着管理的制度化、沟通互动模式的程序化，成员彼此都比较明确各自角色所承担的责任与义务，同时对成员风格、专长的认识加深，并且也相信成员之间的专长能发挥互补效应且都是完成团队任务所需要的，这个阶段 TMT 团队式共享心智模型一直延续前面阶段上升的趋势，因而表现出较高水平。

在 TMT 执行期，TMT 共享心智模型主要表现为较高任务式共享心智模型与很高团队式共享心智模型的特征形态。一方面，TMT 成员高度认同战略目标，注意力开始转移到如何快速实现团队任务目标上来，这个阶段团队规范已形成，遵守团队规范已成为成员的自觉行为，成员在竞争策略、环境感知及获取组织外部资源支持等方面的共识程度较高，TMT 任务式共享心智模型的水平进一步得到提升，表现为较高水平；另一方面，高管成员对彼此的知识专长、行事风格、工作职责等方面非常熟悉，一旦新任务来临，彼此都知道自己应该承担的角色，并且依靠已经建立的团队规范与标准化流程进行沟通，成员之间能够通力合作，TMT 团队式共享心智模型水平进一步得到提升，表现为很高水平。

◆ **4.5　本章小结** ◆

本章验证了高绩效企业 TMT 共享心智模型在不同的生命周期阶段的差异性及阶段特征。TMT 的任务式共享心智模型在形成期与震荡期、形成期与执行期、震荡期与规范期、震荡期与执行期及规范期与执行期之间的差异显著,但形成期与规范期之间的差异不显著,且在形成期、震荡期、规范期及执行期 4 个阶段,任务式共享心智模型水平表现为执行期＞规范期＞形成期＞震荡期。TMT 的团队式共享心智模型在形成期、震荡期、规范期、执行期之间差异显著,且在形成期、震荡期、规范期及执行期 4 个阶段,团队式共享心智模型水平表现为执行期＞规范期＞震荡期＞形成期。这说明随着 TMT 生命历程的演进,TMT 任务式共享心智模型水平呈现先降后升的趋势,并且震荡期阶段是变化的分水岭,而 TMT 团队式共享心智模型水平则一直呈现上升的趋势。

TMT 生命周期一般要历经形成期、震荡期、规范期与执行期 4 个阶段,而本章结论显示在不同的生命周期阶段,高绩效企业 TMT 共享心智模型表现出不同的特征形态,即形成期的 TMT 共享心智模型主要表现为一般水平任务式共享心智模型与较低水平团队式共享心智模型的特征,震荡期的 TMT 共享心智模型主要表现为较低水平任务式共享心智模型与一般水平团队式共享心智模型的特征,规范期的 TMT 共享心智模型主要表现为一般水平任务式共享心智模型与较高水平团队式共享心智模型的特征,执行期的 TMT 共享心智模型主要表现为较高水平任务式共享心智模型与很高水平团队式共享心智模型的特征。

第 5 章

TMT 共享心智模型的
企业绩效影响机制

共享心智模型作为团队认知的心理表征与团队过程的动态潜结构，逐渐成为解释团队效能差异、预测和提升组织绩效的重要指标。在众多研究者看来，共享心智模型会影响团队成员间的沟通与交互过程，进而影响成员对团队目标和价值的认同，最终将影响团队效能与组织绩效，这也是共享心智模型研究的核心主线；但以往共享心智模型研究主要集中在共享心智模型对团队绩效或团队效能的影响上，而关于共享心智模型对企业绩效的影响研究还很少，共享心智模型作用于企业绩效的机制仍不清晰。同时，以往关于共享心智模型与团队绩效的关系探讨，多集中在虚拟团队、具体任务团队等类型团队上，鲜见 TMT 共享心智模型与企业绩效的关系研究。然而，根据认知行为理论，TMT 认知会驱动 TMT 行为，而高质量的 TMT 行为可能对企业绩效产生影响。也就是说，TMT 共享心智模型作为 TMT 认知的心理表征，与 TMT 行为及企业绩效之间存在逻辑关联，并且 TMT 共享心智模型作为团队过程的动态潜结构，探索其与 TMT 行为及企业绩效的作用关系，也符合结构—行为—绩效的研究范式，因而是一条可行的研究路径，也有望揭示 TMT 共享心智模型的企业绩效影响机制。本章借鉴前文所述关于 TMT 共享心智模型的任务式共享心智模型与团队式共享心智模型二维结构的划分以及采用行为整合来衡量和刻画团队过程的观点，探讨

TMT 共享心智模型对企业绩效的影响机制，即考察 TMT 共享心智模型与企业绩效的关系，以及在二者关系中，TMT 行为整合是否起到了中介作用。

◆ 5.1 研究假设 ◆

5.1.1 TMT 共享心智模型与 TMT 行为整合

Minionis（1995）[①]、Stout 等（1999）[②]、Resick（2004）[③]、吕晓俊（2009）[④]的研究表明，拥有共享心智模型的团队对团队合作起促进作用，能帮助团队实现更有效的互动，因而这样的团队更能取得成功。Marks 等（2000）[⑤]、Mathieu 等（2000）[⑥]的研究表明，共享心智模型对团队信息交换产生影响，特别是在非常态环境下，二者之间有更强的联系。周晓东和李凯（2013）认为高管团队共享心智模型一旦形成，团队在共同决策时就会达到一种良性的互动[⑦]。上述研究表明共享心智模型对团

[①] Minionis D P. Enhancing team performance in adverse conditions: The role of shared team mental models and team training on an independent task [D]. Fairfax: George Mason University, 1995.

[②] Stout R J, Cannon-Bowers J A, Salas E, et al. Planning, shared mental models, and coordinated performance: An empirical link is established[J]. Human Factors, 1999, 41(1): 61-71.

[③] Resick C J. An investigation of the antecedents and consequences of shared mental models in teams[D]. Detroit: Wayne State University, 2004.

[④] 吕晓俊. 共享心智模型对团队效能的影响——以团队过程为中介变量[J]. 心理科学, 2009, 32(2): 440-442, 439.

[⑤] Marks M A, Zaccaro S J, Mathieu J E. Performance implications of leader briefings and team-interaction training for team adaptation to novel environments [J]. Journal of Applied Psychology, 2000, 85(6): 971-986.

[⑥] Mathieu J E, Heffner T S, Goodwin G F, et al. The influence of shared mental models on team process and performance[J]. Journal of Applied Psychology, 2000, 85(2): 273-283.

[⑦] 周晓东, 李凯. 共享心智模型对高管团队战略决策质量影响的实证研究[J]. 南华大学学报（社会科学版）, 2013, 14(1): 49-54.

队合作、信息交换与共同决策等行为整合维度起着促进作用。TMT共享心智模型为高管成员建立了共同理解任务和团队互动的基础,并且有助于激发高管成员的合作动机,促进成员间的信息交换以及在共同决策时表现出更积极的参与互动。因此,本研究提出如下假设:

假设1a:TMT任务式共享心智模型对团队合作有显著正向影响。

假设1b:TMT任务式共享心智模型对信息交换有显著正向影响。

假设1c:TMT任务式共享心智模型对共同决策有显著正向影响。

假设1d:TMT团队式共享心智模型对团队合作有显著正向影响。

假设1e:TMT团队式共享心智模型对信息交换有显著正向影响。

假设1f:TMT团队式共享心智模型对共同决策有显著正向影响。

5.1.2 TMT行为整合与企业绩效

Li等(2005)的研究表明,行为不整合对企业绩效有显著负影响[1]。Carmeli等(2006)通过实证研究证实了TMT行为整合对组织绩效的影响[2]。Rapp等(2008)的研究表明,高管团队对创新资源支持、注意力聚焦等行为的整合能够促进创新进而提升企业绩效[3]。成瑾和白海青(2013)认为高度行为整合的TMT将形成以制定解决方案和决策为目的的有效互动和信息交流,且这样的互动和交流能够促进组织绩效的提高[4]。姚振华和郭忠金(2012)采取对比研究方法探讨了国企、民企和外企三类企业TMT行为整合对组织绩效的影响[5]。于晓宇等(2020)认为

---

[1] Li J,Hambrick D C. Factional groups:A new vantage on demographic faultiness,conflict,and disintegration in work teams[J]. Academy of Management Journal,2005,48(5):794-813.

[2] Carmeli A,Schaubroeck J. Top management team behavioral integration,decision quality,and organizational decline[J]. The Leadership Quarterly,2006,17(5):441-453.

[3] Rapp A, Schillewaert N, Hao A W. The influence of market orientation on e-business innovation and performance:The role of top management team [J]. Journal of Marketing Theory and Practice,2008,16(1):7-25.

[4] 成瑾,白海青.从文化视角观察高管团队行为整合[J].南开管理评论,2013,16(1):149-160.

[5] 姚振华,郭忠金.高管团队行为整合与组织绩效:基于国企、民企和欧美外企的对比[J].学术研究,2012(5):83-90,159.

在较高的高管团队行为整合水平下,创业型企业的成长容易达到较佳水平[①]。TMT 成员基于共同目标相互合作,通过信息交流整合成员不同的信息及资源,共同参与决策制定,从而提高决策水平和决策效果,这些有助于企业取得较好的业绩。因此,本研究提出如下假设:

假设 2a:团队合作对成长绩效有显著正向影响。

假设 2b:信息交换对成长绩效有显著正向影响。

假设 2c:共同决策对成长绩效有显著正向影响。

假设 2d:团队合作对利润绩效有显著正向影响。

假设 2e:信息交换对利润绩效有显著正向影响。

假设 2f:共同决策对利润绩效有显著正向影响。

5.1.3 TMT 行为整合的中介作用

共享心智模型作为团队认知的心理表征与团队过程的动态潜结构,逐渐成为解释团队效能差异、预测和提升组织绩效的重要指标。共享心智模型并不一定直接对企业绩效起作用。Mathieu 等(2000)的研究表明,共享心智模型和团队沟通、团队协调等团队过程变量以及组织绩效之间均存在显著的正相关关系[②];曹科岩和龙君伟(2009)指出共享性程度较高的团队成员在团队运作过程中会表现出较好的默契感和合作精神,组织绩效也会更高[③];王黎萤(2009)提出共享心智模型有助于成员间的合作与协调,以及对团队目标与任务形成比较一致的理解,方便团队成员顺利开展工作,进而影响组织绩效[④]。这些研究大多认为团队共享心智模型会影响团队成员间的沟通与交互过程,进而影响成员对团队

① 于晓宇,张益铭,陈颖颖,等.创始成员离职率、高管团队异质性与创业企业成长[J].管理科学,2020(2):3-16.

② Mathieu J E,Heffner T S,Goodwin G F,et al. The influence of shared mental models on team process and performance[J]. Journal of Applied Psychology,2000,85(2):273-283.

③ 曹科岩,龙君伟.团队共享心智模式对团队有效性的影响机制研究[J].科研管理,2009,30(5):155-161.

④ 王黎萤.研发团队创造气氛、共享心智模型与团队创造力研究[D].杭州:浙江大学,2009.

目标和价值的认同,从而影响团队效能与组织绩效。企业 TMT 成员对任务方面的理解越趋向一致,团队内耗就越少,团队合作意识就越强,在执行任务的过程中成员之间也乐于交换信息,也将更有可能取得相对于竞争对手更高的市场份额及成长业绩等。同时,企业 TMT 成员对彼此的专长分布认识越深,对彼此行事风格与承担的角色越了解,对彼此的专长互补认识越深,越有助于提高团队合作水平、共同决策质量及信息交换的可能性,进而促进企业业绩的提高。这也就是说,TMT 共享信息、共同决策、相互协作的行为整合过程在 TMT 共享心智模型与企业绩效的关系中起了中介作用。因此,本研究提出如下假设:

假设 3a:团队合作在 TMT 任务式共享心智模型与成长绩效之间起部分中介作用。

假设 3b:团队合作在 TMT 任务式共享心智模型与利润绩效之间起部分中介作用。

假设 3c:团队合作在 TMT 团队式共享心智模型与成长绩效之间起部分中介作用。

假设 3d:团队合作在 TMT 团队式共享心智模型与利润绩效之间起部分中介作用。

假设 3e:信息交换在 TMT 任务式共享心智模型与成长绩效之间起部分中介作用。

假设 3f:信息交换在 TMT 任务式共享心智模型与利润绩效之间起部分中介作用。

假设 3g:信息交换在 TMT 团队式共享心智模型与成长绩效之间起部分中介作用。

假设 3h:信息交换在 TMT 团队式共享心智模型与利润绩效之间起部分中介作用。

假设 3i:共同决策在 TMT 任务式共享心智模型与成长绩效之间起部分中介作用。

假设 3j:共同决策在 TMT 任务式共享心智模型与利润绩效之间起部分中介作用。

假设 3k:共同决策在 TMT 团队式共享心智模型与成长绩效之间起部分中介作用。

假设 3l:共同决策在 TMT 团队式共享心智模型与利润绩效之间起部分中介作用。

◆ 5.2 研究设计 ◆

5.2.1 样本描述

调查样本包括预测试样本和正式测试样本两个部分。在编制 TMT 行为整合问卷量表、企业绩效量表后,先对来自湖南的 42 家企业的 112 份问卷进行预测试,分别对 TMT 行为整合、企业绩效进行探索性因子分析(EFA);基于探索性因子分析结果,删除问卷中负荷值较小的题项,修改题项中生硬、容易引起歧义的语义表达后进行正式测量,将来自广西、浙江的 125 家企业的 398 份问卷作为正式样本进行验证性因子分析(CFA)。分析过程中采用 SPSS 17.0 及 AMOS 20.0 等统计软件进行因子分析、方差分析及结构方程建模。

5.2.2 研究测量

研究问卷包含 TMT 共享心智模型量表、TMT 行为整合量表及企业绩效量表 3 个量表。TMT 共享心智模型的测量采用熊斌(2016)[①]的量表,包括任务式共享心智模型和团队式共享心智模型两个方面,共 9 个测量题项,量表已验证具有较高的信度与效度。TMT 任务式共享心智模型通过"高管成员对团队运作规范具有共识"等 5 个题项进行衡量,而 TMT 团队式共享心智模型通过"高管成员彼此了解对方的知识结构及专长"等 4 个题项进行衡量。TMT 行为整合量表包括团队合作、信息交换与共同决策 3 个维度。其中,团队合作维度的测量在综合 Simsek

---

① 熊斌.高管团队共享心智模型对团队绩效的影响机制研究[M].成都:电子科技大学出版社,2016.

等(2005)①、Carmeli 和 Halevi(2009)②等人观点的基础上进行了修订，通过"当高管成员忙时，其他成员会主动帮助他分担工作任务"等 3 个题项进行衡量；信息交换维度的测量在综合 Carmeli 和 Schaubroeck (2006)③等人观点的基础上进行了修订，通过"高管成员之间交流能够产生解决问题的高效方案"等 3 个题项进行衡量；共同决策维度的测量在综合姚振华和孙海法（2009）④、胡保亮等（2018）⑤、尹航和刘佳欣（2023）⑥等人观点的基础上进行了修订，通过"高管团队内部鼓励成员提出不同意见与看法"等 3 个题项进行衡量。企业绩效量表在 Venkatraman(1989)⑦量表的基础上修订而成，包括成长绩效与利润绩效两个方面。其中，成长绩效通过"相对于竞争对手，对企业销售增长的满意度"等 3 个题项进行衡量，利润绩效通过"相对于竞争对手，对企业投资回报的满意度"等 4 个题项进行衡量。上述题项均采用李克特 5 级量表进行衡量。

① Simsek Z，Veiga J F，Lubatkin M H，et al. Modeling the multilevel determinants of top management team behavioral integration[J]. Academy of Management Journal，2005，48(1)：69-84.

② Carmeli A，Halevi M Y. How top management team behavioral integration and behavioral complexity enable organizational ambidexterity：The moderating role of contextual ambidexterity[J]. The Leadership Quarterly，2009，20(2)：207-218.

③ Carmeli A，Schaubroeck J. Top management team behavioral integration，decision quality，and organizational decline[J]. The Leadership Quarterly，2006，17(5)：441-453.

④ 姚振华，孙海法.高管团队行为整合的构念和测量：基于行为的视角[J].商业经济与管理,2009(12)：28-36.

⑤ 胡保亮，赵田亚，闫帅.高管团队行为整合、跨界搜索与商业模式创新[J].科研管理,2018,39(12)：37-44.

⑥ 尹航,刘佳欣.高管团队行为整合、外部空降 CEO 对新颖型商业模式设计的影响[J].管理学季刊,2023,8(1)：121-143,177-178.

⑦ Venkatraman N. Strategic orientation of business enterprises：The construct，dimensionality，and measurement[J]. Management Science，1989，35(8)：942-962.

5.3.1 TMT行为整合的探索性因子分析与信度检验

采用 SPSS 17.0 对预测试样本的 42 家企业 TMT 的问卷数据进行 TMT 行为整合的探索性因子分析。先对样本数据进行 KMO（Kaiser-Meyer-Olkin）抽样适合性检验和 Bartlett 球形检验。KMO 统计量为 0.776，依据 Kaiser（1974）的观点，KMO 值在 0.7 以上表示样本数据适合做因子分析[1]；Bartlett 球形检验的显著性概率是 0.000，小于 0.001，进一步说明了样本数据适合做因子分析。

采用主成分分析法抽取特征值大于 1 的共同因子，并利用正交旋转中的方差最大法抽取因子。根据 Kaiser（1974）提出的检验标准，通过逐个剔除因子载荷较小或同时在两个或两个以上因子上有大致相同载荷的题项，最终析出 TMT 行为整合特征值大于 1 的公共因子 3 个，3 个因子分别命名为团队合作（3 个测量题项）、共同决策（3 个测量题项）、信息交换（3 个测量题项）。TMT 行为整合的 3 个公共因子累积解释变异量达到 72.561%（大于 60%）。其中，"团队合作"解释了 25.907% 的变异，因子负荷为 0.828～0.859（大于 0.7）；"共同决策"解释了 23.726% 的变异，因子负荷为 0.694～0.878（接近或大于 0.7）；"信息交换"解释了 22.928% 的变异，因子负荷为 0.668～0.853（接近或大于 0.7）。这表明各题项均具有较好的结构效度。

对探索性因子分析得出的 TMT 行为整合三维度结构因子进行信度检验，结果表明各结构维度的显变量的校正题项总相关系数（CITC）

---

[1] Kaiser H F. An index of factorial simplicity[J]. Psychometrika，1974，39(1)：31-36.

值均在 0.5 以上,题项删除后的信度系数均小于各结构维度的整体 Cronbach's α 系数,且各结构维度的整体 Cronbach's α 系数均在 0.7 以上,说明 TMT 行为整合的三维度结构因子具有较好的信度。

5.3.2 TMT 行为整合的验证性因子分析与效度检验

采用 AMOS 20.0 对正式测试中得到的 125 家企业的 398 份问卷进行验证性因子分析。根据识别后的 TMT 行为整合模型拟合输出的数据进行分析判断: $\chi^2/\mathrm{df}=1.215$,小于 2;RMR=0.016,小于 0.05;GFI=0.951,AGFI=0.909,均大于 0.90;RMSEA=0.042,小于 0.08;NFI=0.958,RFI=0.937,CFI=0.992,TLI=0.988,IFI=0.992,均大于 0.90;PGFI=0.507,PNFI=0.639,PCFI=0.661,均大于 0.50。模型的拟合效果较好,说明 TMT 行为整合的构思和测量题项可以接受。因此,TMT 行为整合的三阶因子模型成立,三阶因子分别是团队合作、共同决策与信息交换。此外,本研究设计的 TMT 行为整合量表是在已有的理论和实证基础上,采纳专家和企业中高层管理者的意见后修订而成的,因而本研究所采用的 TMT 行为整合量表具有较好的内容效度。

5.3.3 企业绩效的探索性因子分析与信度检验

采用 SPSS 17.0 对预测试样本进行企业绩效的探索性因子分析。先对样本数据进行 KMO(Kaiser-Meyer-Olkin)抽样适合性检验和 Bartlett 球形检验。KMO 统计量为 0.794(大于 0.7),依据 Kaiser (1974)的观点[1],KMO 值大于 0.7 表明样本数据适合做因子分析,而且 Bartlett 球形检验的显著性概率是 0.000,小于 0.001,进一步说明了样本数据适合做因子分析。

采用主成分分析法抽取特征值大于 1 的共同因子,并利用正交旋转中的方差最大法抽取因子。根据 Kaiser(1974)提出的检验标准,通过逐

[1] Kaiser H F. An index of factorial simplicity[J]. Psychometrika,1974,39(1):31-36.

个剔除因子载荷较小或同时在两个或两个以上因子上有大致相同载荷的题项，最终析出企业绩效特征值大于 1 的公共因子 2 个，2 个公共因子分别命名为利润绩效（2 个测量题项）、成长绩效（2 个测量题项）。企业绩效的 2 个公共因子累积解释变异量达到 83.086%（＞60%）。其中，"利润绩效"解释了 42.824% 的变异，因子负荷分别为 0.846 和 0.909；"成长绩效"解释了 40.262% 的变异，因子负荷分别为 0.893 和 0.910。这表明各题项均具有较好的结构效度。

对探索性因子分析得出的企业绩效进行信度检验，结果表明各结构维度的显变量的校正题项总相关系数（CITC）值均在 0.5 以上，题项删除后的信度系数均小于各结构维度的整体 Cronbach's α 信度系数，且整体 Cronbach's α 信度系数均在 0.7 以上，说明企业绩效二维度结构因子具有较好的信度。

5.3.4 企业绩效的验证性因子分析与效度检验

采用 AMOS 20.0 对正式测试中得到的 125 家企业的 398 份问卷进行验证性因子分析。根据识别后的企业绩效模型拟合输出的数据进行分析判断：$\chi^2/df = 1.306$，小于 2；RMR＝0.019，小于 0.05；GFI＝0.959，AGFI＝0.912，均大于 0.90；RMSEA＝0.050，小于 0.08；NFI＝0.980，RFI＝0.968，CFI＝0.995，TLI＝0.992，IFI＝0.995，均大于 0.90；PGFI＝0.505，PNFI＝0.607，PCFI＝0.616，均大于 0.50。模型的拟合效果好，说明企业绩效的构思和测量题项可以接受。因此，企业绩效的二阶因子模型成立，二阶因子分别是利润绩效与成长绩效。此外，本研究设计的企业绩效量表是在已有的理论和实证基础上，采纳专家和企业中高层管理者的意见后修订而成的，因而本研究所采用的企业绩效量表具有较好的内容效度。

5.3.5 多水平数据加总验证

在研究中，由于团队合作、共同决策、信息交换、利润绩效、成长绩效等变量的数据都来自多个高管提供的评价,在变量操作上需要从团队成员数据聚合到 TMT 层次。数据是否能够聚合到团队,学界一般采用组内一致性系数 r_{wg}、组内相关系数 ICC(1) 和 ICC(2) 等指标来衡量(Dixon 等,2006)[①]。Klein 等(2001)提出的组内一致性系数 r_{wg} 的判定标准是 $r_{wg} > 0.7$,其计算公式如下[②]:

$$r_{wg}(J) = \frac{J\left[1 - \left(\overline{\frac{S_{xj}^2}{\sigma_{eu}^2}}\right)\right]}{J\left[1 - \left(\overline{\frac{S_{xj}^2}{\sigma_{eu}^2}}\right)\right] + \left(\overline{\frac{S_{xj}^2}{\sigma_{eu}^2}}\right)} \tag{5-1}$$

$$\sigma_{eu}^2 = \frac{A^2 - 1}{12} \tag{5-2}$$

上式中,J 表示测量题项数量;$\overline{S_{xj}^2}$ 表示多个题项观测方差的平均数;σ_{eu}^2 表示期望方差;A 表示测量等级数量,对于 5 级量表,A 为 5。

ICC(1)系数表示一个变量组别间的变异量占这个变量的总变异量的比率,ICC(1)越大,说明每组数据可以合并。ICC(2)系数反映团队平均数是否可靠,可以在 ICC(1)系数的基础上计算获得。James(1982)认为当 ICC(1)和 ICC(2)值分别大于 0.05 和 0.50 时,数据被认为是可以接受的[③]。ICC(1)和 ICC(2)的计算公式如下:

$$\text{ICC}(1) = \frac{\text{MSB} - \text{MSW}}{\text{MSB} + (k-1)\text{MSW}} \tag{5-3}$$

$$\text{ICC}(2) = \frac{\text{MSB} - \text{MSW}}{\text{MSB}} \tag{5-4}$$

上式中,MSB、MSW 分别指组间和组内均方值;k 指组的样本数,当各

---

① Dixon M A, Cunningham G B. Data aggregation in multilevel analysis: A review of conceptual and statistical issues[J]. Measurement in Physical Education and Exercise Science, 2006, 10 (2): 85-107.

② Klein K J, Conn A B, Smith D B, et al. Is everyone in agreement? An exploration of within-group agreement in employee perceptions of the work environment[J]. Journal of Applied Psychology, 2001, 86(1): 3-16.

③ James L R. Aggregation bias in estimates of perceptual agreement [J]. Journal of Applied Psychology, 1982, 67(2): 219-229.

组的样本大小不同时,k 取各组的平均样本数,本研究中 k 值为 3.1。对每个团队进行团队层面数据加总的验证。根据式(5-1)和式(5-2)计算每个团队在各个变量上的 r_{wg} 值。所有团队在各个变量的 r_{wg} 值都超过 0.7 的临界标准,由于样本量较大,每个团队在各个变量上的 r_{wg} 值未一一列出,表 5-1 给出了各个变量的 r_{wg} 值的平均值。对每组变量数据运行 ANOVA,分别获取 MSB 和 MSW 值,根据式(5-3)和式(5-4)计算得到 ICC(1)、ICC(2)值,如表 5-1 所示。

表 5-1　各变量的 r_{wg} 值的平均值、ICC(1)和 ICC(2)值($N=398$)

变量	r_{wg} 平均值	ICC(1)	ICC(2)	F 检验	显著性
团队合作	0.87	0.62	0.77	7.92	***
共同决策	0.80	0.74	0.86	5.09	***
信息交换	0.88	0.84	0.91	8.52	***
利润绩效	0.94	0.92	0.96	17.30	***
成长绩效	0.87	0.82	0.90	7.43	***

注:*** 表示在 $P<0.001$ 水平显著;** 表示在 $P<0.01$ 水平显著;* 表示在 $P<0.05$ 水平显著。

从表 5-1 可以看出,所有变量的 ICC(1)、ICC(2)均大于 James (1982)推荐的 0.05 和 0.50 的临界值,F 统计量均大于 1,且都通过了显著性检验。ICC 系数检验结果表明,这些研究变量的组间变动均显著高于组内变动。本研究综合 r_{wg}、ICC(1)和 ICC(2)值的结果来看,各变量的数据都满足经验标准,符合团队水平聚合的条件,因此可对个体测量值进行加总平均,用它来代表团队测量值。

5.3.6　TMT 共享心智模型对行为整合的影响

前面论述中,我们明确了 TMT 共享心智模型包含任务式共享心智模型与团队式共享心智模型两个维度,也验证了 TMT 行为整合包含团队合作、信息交换与共同决策三个维度,并且在理论上阐释了 TMT 共享心智模型与 TMT 行为整合存在直接关联。本研究采用 AMOS 20.0

利用正式测试中得到的 125 家企业样本验证 TMT 共享心智模型与 TMT 行为整合之间的关系。

模型的拟合结果如下：$\chi^2/df = 1.547 < 2$，RMR $= 0.048 < 0.05$；GFI $= 0.856$（大于 0.8，可以接受），AGFI $= 0.805$；NFI $= 0.875$（接近 0.9），IFI $= 0.952 > 0.9$，TLI $= 0.940 > 0.9$，CFI $= 0.951 > 0.9$；PNFI $= 0.720 > 0.5$，PCFI $= 0.783 > 0.5$，PGFI $= 0.631 > 0.5$；RMSEA $= 0.066 < 0.08$。根据吴明隆（2009）等的建议，可以判断所构建的模型拟合状况达到较好水平[①]。

经过拟合，TMT 共享心智模型对 TMT 行为整合的标准路径系数如表 5-2 所示。从表 5-2 可以看出，任务式共享心智模型对信息交换的标准路径系数在 $P < 0.01$ 水平显著，团队式共享心智模型对团队合作、信息交换的标准路径系数在 $P < 0.05$ 水平显著，团队式共享心智模型对共同决策的标准路径系数在 $P < 0.001$ 水平显著，说明任务式共享心智模型对信息交换有显著的影响作用，团队式共享心智模型对团队合作、共同决策及信息交换有显著的影响作用，而任务式共享心智模型对团队合作和共同决策没有显著的影响作用。

表 5-2　TMT 共享心智模型对 TMT 行为整合的标准路径系数

路径	路径系数（E）	标准化误差（S.E.）	临界比（C.R.）	显著性概率（P）
团队合作<—.任务式共享心智模型	0.221	0.079	1.753	0.080
共同决策<—.任务式共享心智模型	0.210	0.094	1.823	0.068
信息交换<—.任务式共享心智模型	0.397**	0.083	3.166	0.002
团队合作<—.团队式共享心智模型	0.284*	0.165	2.093	0.036
共同决策<—.团队式共享心智模型	0.422***	0.203	3.283	0.001
信息交换<—.团队式共享心智模型	0.275*	0.166	2.109	0.035

注：*** 表示在 $P < 0.001$ 水平显著；** 表示在 $P < 0.01$ 水平显著；* 表示在 $P < 0.05$ 水平显著。

[①]　吴明隆.结构方程模型：AMOS 的操作与应用[M].重庆：重庆大学出版社,2009.

5.3.7 TMT 行为整合对企业绩效的影响

前面论述中，我们明确了企业绩效包含利润绩效与成长绩效两个维度，也验证了 TMT 行为整合包含团队合作、信息交换与共同决策三个维度，并且在理论上阐释了 TMT 行为整合与企业绩效存在直接关联。本研究采用 AMOS 20.0 利用正式测试中得到的 125 家企业样本验证 TMT 行为整合与企业绩效之间的关系。

模型的拟合结果如下：$\chi^2/df = 1.009 < 2$，RMR$= 0.041 < 0.05$；GFI$= 0.917 > 0.9$，AGFI$= 0.882$（大于 0.8，可以接受）；NFI$= 0.941 > 0.9$，RFI$= 0.926 > 0.9$，IFI$= 0.999 > 0.9$，TLI$= 0.999 > 0.9$，CFI$= 0.999 > 0.9$；PNFI$= 0.745 > 0.5$，PCFI$= 0.791 > 0.5$，PGFI$= 0.641 > 0.5$；RMSEA$= 0.009 < 0.08$。根据吴明隆（2009）等的建议，可以判断所构建的模型拟合状况达到很好水平[①]。

经过拟合，TMT 行为整合对企业绩效的标准路径系数如表 5-3 所示。

表 5-3　TMT 行为整合对企业绩效的标准路径系数

路径	路径系数（E）	标准化误差（S. E.）	临界比（C. R.）	显著性概率（P）
成长绩效 <—. 共同决策	0.191	0.126	1.514	0.130
利润绩效 <—. 信息交换	0.495 ***	0.190	3.673	0.000
成长绩效 <—. 信息交换	0.261 *	0.155	2.014	0.044
利润绩效 <—. 团队合作	0.067	0.179	0.562	0.574
成长绩效 <—. 团队合作	0.112	0.153	0.935	0.350
利润绩效 <—. 共同决策	−0.066	0.148	−0.523	0.601

注：*** 表示在 $P < 0.001$ 水平显著；** 表示在 $P < 0.01$ 水平显著；* 表示在 $P < 0.05$ 水平显著。

从表 5-3 可以看出，信息交换对利润绩效的标准路径系数在 $P < 0.001$ 水平显著，信息交换对成长绩效的标准路径系数在 $P < 0.05$ 水平

① 吴明隆. 结构方程模型：AMOS 的操作与应用[M]. 重庆：重庆大学出版社，2009.

显著,说明信息交换对利润绩效及成长绩效有显著的影响作用。而共同决策及团队合作对成长绩效和利润绩效都没有显著的影响作用。

5.3.8　TMT 行为整合的中介效应分析

首先对 TMT 共享心智模型与企业绩效的关系进行基准回归分析,结果显示 TMT 任务式共享心智模型、TMT 团队式共享心智模型对利润绩效与成长绩效的影响都在 $P < 0.001$ 水平上显著。其中,利润绩效方面,任务式共享心智模型对利润绩效影响较大,系数为 0.865,团队式共享心智模型对其的影响系数为 0.549;成长绩效方面,团队式共享心智模型对成长绩效影响较大,系数为 0.658,任务式共享心智模型对其的影响系数为 0.560。因此,根据前文的构思与假设,进一步对 TMT 行为整合部分中介作用模型进行拟合分析,拟合指数显示:$\chi^2/df = 1.401 < 2$,$RMR = 0.042 < 0.05$;$GFI = 0.821 > 0.8$(可以接受),$AGFI = 0.7722$;$NFI = 0.864$(接近 0.9),$IFI = 0.957 > 0.9$,$TLI = 0.949 > 0.9$,$CFI = 0.956 > 0.9$;$PNFI = 0.745 > 0.5$,$PCFI = 0.791 > 0.5$,$PGFI = 0.641 > 0.5$;$RMSEA = 0.009 < 0.08$。根据 MacCallum 与 Hong(1997)[1]、侯杰泰等(2004)[2]、黄芳铭(2005)[3]等的建议,可以判断所构建的模型拟合状况达到较好水平。

TMT 行为整合部分中介作用模型标准化路径系数如表 5-4 所示。从表 5-4 可以看出,任务式共享心智模型对共同决策的标准路径系数在 $P < 0.05$ 水平显著,任务式共享心智模型对信息交换的标准路径系数在 $P < 0.001$ 水平显著,团队式共享心智模型对团队合作的标准路径系数在 $P < 0.05$ 水平显著,团队式共享心智模型对共同决策的标准路径系数在 $P < 0.001$ 水平显著,团队式共享心智模型对信息交换的标准路径系数在 $P < 0.05$ 水平显著,信息交换对利润绩效的标准路径系数在 $P < 0.05$ 水

---

① 　MacCallum R C,Hong S. Power analysis in covariance structure modeling using GFI and AGFI [J]. Multivariate Behavioral Research,1997,32(2):193-210.

② 　侯杰泰,温忠麟,成子娟.结构方程模型及其应用[M].北京:教育科学出版社,2004.

③ 　黄芳铭.结构方程模式:理论与应用[M].北京:中国税务出版社,2005.

平显著,任务式共享心智模型对利润绩效的标准路径系数在 $P<0.001$ 水平显著,任务式共享心智模型对成长绩效的标准路径系数在 $P<0.001$ 水平显著,说明任务式共享心智模型对共同决策、信息交换、利润绩效及成长绩效有显著的影响作用,团队式共享心智模型对团队合作、共同决策及信息交换有显著的影响作用,信息交换对利润绩效有显著的影响作用。

表 5-4　TMT 行为整合部分中介模型标准化路径系数($N=125$)

路径	标准化路径系数(E)	标准化误差(S.E.)	临界比(C.R.)	显著性概率(P)
团队合作<—.任务式共享心智模型	0.235	0.079	1.871	0.061
共同决策<—.任务式共享心智模型	0.228 *	0.092	1.966	0.049
信息交换<—.任务式共享心智模型	0.412 * * *	0.082	3.318	0.000
团队合作<—.团队式共享心智模型	0.273 *	0.164	2.025	0.043
共同决策<—.团队式共享心智模型	0.425 * * *	0.199	3.291	0.001
信息交换<—.团队式共享心智模型	0.268 *	0.165	2.081	0.037
成长绩效<—.共同决策	0.086	0.107	0.816	0.415
利润绩效<—.信息交换	0.243 *	0.164	2.148	0.032
成长绩效<—.信息交换	0.034	0.139	0.300	0.764
利润绩效<—.团队合作	0.061	0.140	0.673	0.501
成长绩效<—.团队合作	0.094	0.121	0.999	0.318
利润绩效<—.任务式共享心智模型	0.465 * * *	0.120	3.726	0.000
利润绩效<—.团队式共享心智模型	0.032	0.251	0.238	0.812
成长绩效<—.团队式共享心智模型	0.087	0.217	0.621	0.535
成长绩效<—.任务式共享心智模型	0.413 * * *	0.102	3.236	0.001
利润绩效<—.共同决策	−0.146	0.124	−1.419	0.156

注:* * * 表示在 $P<0.001$ 水平显著;* * 表示在 $P<0.01$ 水平显著;* 表示在 $P<0.05$ 水平显著。

　　由于 TMT 任务式共享心智模型与企业绩效有直接的影响关系,而 TMT 任务式共享心智模型对共同决策及信息交换影响显著,TMT 团队式共享心智模型对团队合作、共同决策及信息交换影响显著,信息交换对利润绩效影响显著,因此,行为整合在 TMT 共享心智模型与企业绩效之间起部分中介作用。

◆ **5.4 结论与讨论** ◆

5.4.1 TMT 行为整合的维度

以往 TMT、行为整合的研究成果以及本研究结果显示,企业 TMT 行为整合包含团队合作、共同决策与信息交换三个维度。团队合作是指 TMT 内部存在自愿互助行为,TMT 成员都愿意为团队工作的顺利进行而调整自己的职责范围,以及在 TMT 成员工作忙、面临复杂与时间要求高的任务时,其他 TMT 成员会主动帮助其分担工作任务。共同决策是指 TMT 内部鼓励成员提出不同意见与看法,并且 TMT 成员的不同意见都能得到重视,以及 TMT 成员之间经常交流彼此的期望和需要。信息交换是指 TMT 成员之间通过交流产生解决问题的高效方案、有价值的想法和理念,以及高水平的创造力和创新精神。

5.4.2 企业绩效维度

以往 TMT、企业绩效的研究成果以及本研究结果显示,企业绩效包含利润绩效与成长绩效两个维度。利润绩效是指相对于竞争对手,企业净利润、企业投资利润率情况,以及企业对销售利润率的满意度、对投资回报的满意度。成长绩效是指相对于竞争对手,企业的销售增长、对销售增长率的满意度以及市场份额的获取情况。

5.4.3 TMT 共享心智模型与 TMT 行为整合的关系

从表 5-2 可以看出,TMT 任务式共享心智模型对团队合作、共同决策影响的标准路径系数不显著,表明 TMT 任务式共享心智模型对团队合作、共同决策没有显著的正向影响,假设 1a、1c 不成立;而 TMT 任务式共享心智模型对信息交换影响的标准路径系数显著,表明 TMT 任务式共享心智模型对信息交换有显著的正向影响,假设 1b 成立。这说明 TMT 成员在团队目标、运作规范、竞争手段、外界环境感知及外部资源获取等方面共识程度越高,彼此在工作上就越有较充分的信息交流。TMT 团队式共享心智模型对团队合作、共同决策与信息交换影响的标准路径系数显著,表明 TMT 团队式共享心智模型对团队合作、共同决策与信息交换有显著的正向影响。这说明 TMT 成员对彼此的知识专长、专长互补等方面的认识越深,信息交换的针对性越强,主动寻求沟通与交流的积极性也越高,决策质量也会越高;成员之间对彼此的行事风格越了解,越易表现出更多的包容,也有助于在沟通协调过程中运用恰当的方法与技巧,这些都促进了成员之间的信息交换、团队合作与共同决策。因此,假设 1d、1e 与 1f 通过了验证。

5.4.4 TMT 行为整合与企业绩效的关系

TMT 行为整合的三个维度中,信息交换对利润绩效及成长绩效均具有显著的影响作用,假设 2b、2e 成立。该研究结论说明 TMT 成员的信息交换能整合成员不同的信息及资源,信息交流越充分,越能促进任务相关信息的传达,使得团队能够充分地收集、讨论和论证与战略决策相关的信息,从而做出科学有效的决策,提高战略决策质量,促进企业成长和业绩的提升。而共同决策及团队合作对成长绩效和利润绩效没有显著的影响作用,假设 2a、2c、2d、2f 不成立。行为整合三维度中的共同决策及团队合作这两个因素并没有单独显著起作用,但团队合作行为在某种程度上增强了 TMT 的凝聚力,共同决策使 TMT 成员在共同问题上产生统一行动和一致行为,这两个因素与信息交换的整合有助于企业的业绩增长和市场份额的增加。

由于 TMT 任务式共享心智模型对企业绩效有直接的影响关系,而 TMT 任务式共享心智模型对共同决策及信息交换影响显著,TMT 团队式共享心智模型对团队合作、共同决策及信息交换影响显著,信息交换对利润绩效影响显著,因此,行为整合在 TMT 共享心智模型与企业绩效之间起部分中介作用。

5.4.5 TMT 行为整合的中介作用

本研究的数据分析结果表明,TMT 共享心智模型对企业绩效的影响关系显著,并且 TMT 任务式共享心智模型对共同决策及信息交换影响显著,TMT 团队式共享心智模型对团队合作、共同决策及信息交换影响显著,信息交换对利润绩效影响显著。因此,TMT 行为整合在 TMT 共享心智模型与企业绩效之间起部分中介作用。值得一提的是,信息交换在此过程中发挥了关键作用;行为整合三维度中的共同决策及团队合作这两个维度尽管没有单独显著起作用,但团队合作行为在某种程度上增强了 TMT 的凝聚力,共同决策使 TMT 成员在共同问题上产生统一行动和一致行为,这两个因素与信息交换的整合有助于企业利润绩效的提升。

具体来说,TMT 任务式共享心智模型对信息交换有影响显著,信息交换对利润绩效的影响显著,同时 TMT 团队式共享心智模型对信息交换的影响显著,并且信息交换对利润绩效的影响显著,这说明信息交换在 TMT 任务式共享心智模型与利润绩效之间起部分中介作用,信息交换在 TMT 团队式共享心智模型与利润绩效之间起部分中介作用,即假设 3f、3h 成立。

TMT 任务式共享心智模型对团队合作的影响不显著,团队合作对成长绩效的影响不显著,这说明团队合作在 TMT 任务式共享心智模型与成长绩效之间没有起部分中介作用,即假设 3a 不成立。

TMT 任务式共享心智模型对团队合作的影响不显著,而团队合作对利润绩效的影响不显著,这说明团队合作在 TMT 任务式共享心智模型与利润绩效之间没有起部分中介作用,即假设 3b 不成立。

TMT 团队式共享心智模型对团队合作的影响显著,而团队合作对成长绩效的影响不显著,这说明团队合作在 TMT 团队式共享心智模型与成长绩效之间没有起部分中介作用,即假设 3c 不成立。

TMT 团队式共享心智模型对团队合作的影响显著,而团队合作对利润绩效的影响不显著,这说明团队合作在 TMT 团队式共享心智模型与利润绩效之间没有起部分中介作用,即假设 3d 不成立。

TMT 任务式共享心智模型对信息交换的影响显著,而信息交换对成长绩效的影响不显著,这说明信息交换在 TMT 任务式共享心智模型与成长绩效之间没有起部分中介作用,即假设 3e 不成立。

TMT 团队式共享心智模型对信息交换的影响显著,而信息交换对成长绩效的影响不显著,这说明信息交换在 TMT 团队式共享心智模型与成长绩效之间没有起部分中介作用,即假设 3g 不成立。

TMT 任务式共享心智模型对共同决策的影响显著,而共同决策对成长绩效的影响不显著,这说明共同决策在 TMT 任务式共享心智模型与成长绩效之间没有起部分中介作用,即假设 3i 不成立。

TMT 任务式共享心智模型对共同决策的影响显著,而共同决策对利润绩效的影响是负向的,这说明共同决策在 TMT 任务式共享心智模型与利润绩效之间没有起部分中介作用,即假设 3j 不成立。

TMT 团队式共享心智模型对共同决策的影响显著,而共同决策对成长绩效的影响不显著,这说明共同决策在 TMT 团队式共享心智模型与成长绩效之间没有起部分中介作用,即假设 3k 不成立。

TMT 团队式共享心智模型对共同决策的影响显著,而共同决策对利润绩效的影响不显著,这说明共同决策在 TMT 团队式共享心智模型与利润绩效之间没有起部分中介作用,即假设 3l 不成立。

值得注意的是,共同决策对利润绩效的影响是负向的,根据 Janis

（1972）提出的群体思维理论,由于 TMT 内部存在群体思维现象,共同决策对决策质量和利润绩效的影响可能是负向的,凝聚力强的 TMT 为了维持团队和谐而在没有充分讨论和论证的情况下可能做出低质量的决策,最终导致低利润绩效。

◆ **5.5 本章小结** ◆

本章将 TMT 共享心智模型分为任务式共享心智模型与团队式共享心智模型两种类型结构,将 TMT 行为整合分为团队合作、信息交换与共同决策三个维度,探讨 TMT 共享心智模型对企业绩效的影响机制,即考察 TMT 共享心智模型与企业绩效的关系,以及在二者关系中,TMT 行为整合是否起到了中介作用。在研究假设的基础上,以 125 家企业 TMT 为研究样本,综合运用因子分析、信度与效度分析、结构方程模型等方法,验证了 TMT 行为整合在 TMT 共享心智模型与企业绩效之间起部分中介作用。具体来说:验证了信息交换在 TMT 任务式共享心智模型与利润绩效之间起部分中介作用,以及信息交换在 TMT 团队式共享心智模型与利润绩效之间起部分中介作用,但没有发现团队合作在 TMT 任务式共享心智模型或 TMT 团队式共享心智模型与成长绩效、利润绩效之间起部分中介作用;信息交换在 TMT 任务式共享心智模型或 TMT 团队式共享心智模型与成长绩效之间未起部分中介作用;共同决策在 TMT 任务式共享心智模型或 TMT 团队式共享心智模型与成长绩效、利润绩效之间未起部分中介作用。

第 6 章

Chapter
VI

结论、启示与展望

本研究以揭示 TMT 共享心智模型的形成动因、结构特征及企业绩效影响机制为导向，综合运用因子分析、访谈内容分析、方差分析、团队层面数据加总验证等研究方法，识别团队自反性、团队凝聚力、有效沟通、认知冲突等 TMT 共享心智模型形成的关键动因，以团队生命周期为视角，验证团队生命周期的不同阶段 TMT 任务式共享心智模型与团队式共享心智模型存在水平差异性，得出 TMT 共享心智模型结构演变的生命周期阶段特征，通过这些问题的研究明晰了基于生命周期的 TMT 共享心智模型对企业绩效的影响机制。本章先阐明本研究的主要结论和管理实践启示，然后针对本研究存在的局限和不足提出未来的研究方向。

◆ **6.1 主要研究结论** ◆

6.1.1 TMT 共享心智模型的形成动因

在明晰 TMT 共享心智模型分为任务式共享心智模型与团队式共

享心智模型两种类型结构的基础上,聚焦团队自反性、团队凝聚力、有效沟通与认知冲突等 TMT 共享心智模型形成的关键驱动因素,探讨了团队自反性、团队凝聚力、有效沟通与认知冲突对 TMT 共享心智模型形成的影响。

(1)团队自反性有助于 TMT 共享心智模型形成。

TMT 在战略目标、竞争手段、环境感知、运作规范及获取组织外部资源支持等任务方面的公开反思与讨论,有助于 TMT 共享心智模型的形成,即 TMT 任务自反性有助于 TMT 共享心智模型的形成。而情感自反性程度高的 TMT 成员乐于沟通与交流,对彼此在专长分布、风格分布、角色分布及互补性专长等方面有较深入的了解,彼此对各自承担的角色职责有更清晰的认识和理解,有利于成员共识的达成,即 TMT 情感自反性也有助于 TMT 共享心智模型的形成。

(2)团队凝聚力有助于 TMT 共享心智模型形成。

凝聚力强的 TMT 成员在团队归属感、信任感及情感吸引等方面表现出更高水平。凝聚力强的团队氛围中,TMT 成员乐于互动交流,畅所欲言,分享各种掌握的信息,这些有助于 TMT 共享心智模型的形成。

(3)有效沟通有助于 TMT 共享心智模型形成。

TMT 成员之间的有效沟通有助于在竞争手段、环境感知、运作规范及获取组织外部资源支持等任务方面达成共识。同时,TMT 成员之间的有效沟通加深彼此在专长分布、风格分布、角色分布及互补性专长等方面有较深入的了解,彼此对各自承担的角色职责有更清晰的认识和理解,使得团队成员之间更容易协作,这些都有助于 TMT 共享心智模型的形成。

(4)认知冲突有助于 TMT 共享心智模型形成。

在适度的 TMT 认知冲突水平范围内,认知冲突越高的 TMT 成员之间更愿意敞开心扉,更自由地表达各自的看法和意见,有助于在争论中对任务有关问题的理解形成更加全面的认识并达成共识;同时 TMT 认知冲突使成员的异质性观点一一呈现出来,有助于增进成员之间的沟通互动,加深了对彼此专长、风格、角色分布及互补性专长等方面的了解,这些都有助于 TMT 共享心智模型的形成。

6.1.2 TMT 共享心智模型结构的生命周期阶段特征

企业 TMT 共享心智模型在团队生命周期不同发展阶段存在显著差异,任务式共享心智模型的水平表现为执行期＞规范期＞形成期＞震荡期,团队式共享心智模型的水平表现为执行期＞规范期＞震荡期＞形成期。在形成期,TMT 任务式共享心智模型的水平不高,TMT 团队式共享心智模型水平停留在浅层次。在震荡期,TMT 任务式共享心智模型的水平与前阶段相比较一般都有一个下降的过程,TMT 团队式共享心智模型水平有所提升但上升幅度不会很大。在规范期,与前两个阶段相比,TMT 任务式共享心智模型水平得到了提升,但由于震荡期 TMT 任务式共享心智模型水平出现了下降的过程,总的来说此阶段的 TMT 任务式共享心智模型水平回升慢而仍处于不高水平;而 TMT 团队式共享心智模型将一直延续前面两个阶段上升的趋势。在执行期,TMT 任务式共享心智模型与团队式共享心智模型得到进一步提升。

本研究将 TMT 的任务式共享心智模型与团队式共享心智模型水平划分为很高、较高、一般、较低与很低 5 个层次,TMT 的任务式共享心智模型与团队式共享心智模型水平的不同组合形成了不同的 TMT 共享心智模型特征形态。本研究表明,TMT 共享心智模型在形成期主要表现为一般任务式共享心智模型与较低团队式共享心智模型的特征形态,在震荡期主要表现为较低任务式共享心智模型与一般团队式共享心智模型的特征形态,在规范期主要表现为一般任务式共享心智模型与较高团队式共享心智模型的特征形态,在执行期主要表现为较高任务式共享心智模型与很高团队式共享心智模型的特征形态。

6.1.3 行为整合在 TMT 共享心智模型与企业绩效关系中的中介作用

对 TMT 共享心智模型与企业绩效的关系进行基准回归分析,结果显示 TMT 共享心智模型对企业绩效的影响显著,并且 TMT 共享心智模型通过行为整合对企业绩效也产生影响,也就是说,行为整合在 TMT 共享心智模型与企业绩效之间起部分中介作用。具体表现为:信息交换在 TMT 任务式共享心智模型与利润绩效之间起部分中介作用,以及信息交换在 TMT 团队式共享心智模型与利润绩效之间起部分中介作用,但没有发现团队合作在 TMT 任务式共享心智模型或 TMT 团队式共享心智模型与成长绩效、利润绩效之间起部分中介作用;信息交换在 TMT 任务式共享心智模型或 TMT 团队式共享心智模型与成长绩效之间未起部分中介作用;共同决策在 TMT 任务式共享心智模型或 TMT 团队式共享心智模型与成长绩效、利润绩效之间未起部分中介作用。

◆ 6.2　管理启示 ◆

本研究以团队生命周期为视角,围绕 TMT 共享心智模型形成因素、TMT 共享心智模型结构特征以及 TMT 共享心智模型对企业绩效的影响机制等问题,系统、深入地展开一系列的相关研究,获得了以下管理实践启示:

(1)激发驱动 TMT 共享心智模型形成的有效行为。

TMT 共享心智模型的形成动因是开展 TMT 共享心智模型对企业绩效影响机制研究的基础和切入点。团队自反性、团队凝聚力、认知冲突和有效沟通对 TMT 共享心智模型的形成产生积极影响。因此,在 TMT 管理实践中,激发团队自反性、团队凝聚力、认知冲突和有效沟通等驱动 TMT 共享心智模型形成的有效行为,可以从以下几方面着手:一是积极开展 TMT 在战略目标、竞争手段、环境感知、运作规范及获取组织外部资源支持等任务方面的公开反思与讨论,增强 TMT 成员处理情感冲突或关系冲突的能力,让成员更积极主动地发表自己的见解,密切成员之间的合作,促进任务及执行方面的讨论达成共识,助推 TMT 共享心智模型形成;二是增强 TMT 凝聚力,促进 TMT 成员之间形成更紧密的人际关系,促进成员彼此合作和交流,增进成员对任务的共同理解和行为协调,激发成员分享更多的专业知识和任务相关信息,加深成员对任务的共识及彼此之间专长分布、风格分布、角色分布及互补性专长等方面的理解,助推 TMT 共享心智模型形成;三是努力提高有效沟通水平,通过有效沟通加深 TMT 成员对团队工作任务的理解,促进成员知识与信念的分享,形成更为清晰的战略目标,促成成员在竞争手段、环境感知、运作规范及获取组织外部资源支持等任务方面达成共识,同时促进成员对彼此在专长分布、风格分布、角色分布及互补性专长等方面有更深入了解，更清晰地认识和理解彼此承担的角色职责，进而推动 TMT 共享心智模型的形成；四是激发并保持适度的认知冲突，有效激发并充分利用 TMT 认知冲突的功能性作用，产生更多的启发性思考和建设性意见，以此提高组织的效率和活力。

（2）有针对性地培育基于高绩效 TMT 共享心智模型的生命周期阶段特征。

TMT 生命周期一般要历经形成期、震荡期、规范期与执行期 4 个阶段，而本研究结论显示在不同的生命周期阶段，高绩效 TMT 共享心智模型表现出不同的特征形态，即形成期的 TMT 共享心智模型主要表现为一般水平任务式共享心智模型与较低水平团队式共享心智模型的特征，震荡期的 TMT 共享心智模型主要表现为较低水平任务式共享心智模型与一般水平团队式共享心智模型的特征，规范期的 TMT 共享心智模型主要表现为一般水平任务式共享心智模型与较高水平团队式共享心智模型的特征，执行期的 TMT 共享心智模型主要表现为较高水平任务式共享心智模型与很高水平团队式共享心智模型的特征。为此，在企业 TMT 成立初期，团队工作的重心是让高管成员尽快明确团队任务目标，努力缩小高管成员在具体的竞争策略、运作规范等方面存在的分歧，特别要防止这种分歧的扩大化；在 TMT 震荡期，团队工作的重心是加强高管成员之间的沟通与交流，促进成员之间在行事风格、角色分布、专长分布及互补等方面的了解，同时也要考虑如何减少内耗，防止人际关系越来越恶化造成团队大分裂甚至团队解散的情形；在 TMT 规范期，一方面需要努力营造坦诚交流的氛围，促进高管成员对彼此的行事风格、角色分布、专长分布及互补等有更深入的了解，同时也需要努力提高高管成员沟通的有效性，增强成员在战略目标、竞争手段、环境感知、运作规范及获取组织外部资源支持等方面的共识程度；在 TMT 执行期，要积极引导成员将注意力聚焦到团队任务与目标上，同时加强成员之间密切互动，使高管成员彼此对知识专长、行事风格、工作职责等方面达到非常熟悉的程度，一旦新任务来临，彼此都知道自己应该承担的角色。

（3）加强高管成员间的信息交流。

本研究结果表明，TMT行为整合在TMT共享心智模型与企业绩效之间起着部分中介作用，特别是TMT行为整合的信息交换发挥了关键性作用，TMT共享心智模型通过促进成员之间的信息交换进而使企业获得更高利润及较快成长。因此，在企业TMT管理实践中，领导者应该重视TMT成员之间的信息交流。通过会议、电子媒介、团队学习等各种信息交流渠道，使拥有不同的社会背景和社会网络的TMT成员所掌握的信息在团队内部得到高效流转和整合，使信息的数量、类型、质量和价值得到最大程度的体现，而充分的信息交流有利于协调、共享有用的信息、知识、技能和资源，使企业能够应对复杂多变的环境所带来的挑战，进而促进企业取得令人满意的绩效。

◆ 6.3 研究局限与未来研究展望 ◆

TMT 共享心智模型属于团队认知范畴,具有抽象性和难以刻画的特点,并且结合团队生命周期来开展 TMT 共享心智模型结构的研究进一步增加了研究问题的复杂性,再加上时间、资源与能力的限制,本书仍存在一些不足之处,有待在今后的研究中进行补充和延伸。

首先,在 TMT 共享心智模型形成动因识别上,本书采用的是定性分析方法,归纳总结得出团队自反性、团队凝聚力、认知冲突和有效沟通对 TMT 共享心智模型形成的影响,未来如果采取定量实证研究来佐证定性分析归纳的观点,定能增强研究的说服力。

其次,在探讨高绩效企业 TMT 共享心智模型演变的阶段特征时,尽管本研究在访谈的基础上进行了问卷佐证,尽管在统计上研究同一企业 TMT 在形成期、震荡期、规范期和执行期四个不同阶段的特征和同一时间分别处于形成期、震荡期、规范期和执行期四个不同阶段的企业 TMT 特征是等效的,但是时间因素的切入仍会引起许多因素的变化,TMT 共享心智模型特征的横切面研究终究不能完全取代 TMT 共享心智模型特征的纵向研究。通过典型案例回溯与追踪进行 TMT 共享心智模型演变特征的纵向分析是进一步研究的方向。

最后,实证研究的 TMT 样本数尽管满足实证研究的需要,但总的来说样本量不能算是较大样本,参考许多学者认为进行结构方程建模分析时采取的样本数应为 200 个左右的建议,今后还需进一步扩大样本数量来进行分析,同时扩大研究地区范围,并将不同区域的样本进行对比,考察地域差异可能带来的影响,进一步增强结论的可靠性与普适性。

Reference

参考文献

[1] Hambrick D C,Mason P A. Upper echelons:The organization as a reflection of its top managers[J]. Academy of Management Review,1984,9(2):193-206.

[2] 龙飞,戴昌钧.基于组织共享心智模型的组织知识管理研究[J].情报杂志,2007(1):81-85.

[3] Maynard M T,Gilson L L. The role of shared mental model development in understanding virtual team effectiveness[J]. Group & Organization Management,2014,39(1):3-32.

[4] Alsharo M,Gregg D,Ramirez R. Virtual team effectiveness:The role of knowledge sharing and trust[J]. Information & Management,2017,54(4):479-490.

[5] 韩立丰,王重鸣,许智文.群体多样性研究的理论述评——基于群体断层理论的反思[J].心理科学进展,2010,18(2):374-384.

[6] Parayitam S,Olson B J,Bao Y J. Task conflict,relationship conflict and agreement-seeking behavior in Chinese top management teams[J]. International Journal of Conflict Management,2010,21(1):94-116.

[7] 姚振华,孙海法.高管团队组成特征与行为整合关系研究[J].南开

管理评论,2010,13(1):15-22.

[8] Carmeli A, Schaubroeck J, Tishler A. How CEO empowering leadership shapes top management team processes: Implications for firm performance[J]. The Leadership Quarterly,2011,22(2): 399-411.

[9] Araujo-Cabrera Y, Suarez-Acosta M A, Aguiar-Quintana T. Exploring the influence of CEO extraversion and openness to experience on firm performance: The mediating role of top management team behavioral integration [J]. Journal of Leadership & Organizational Studies, 2017, 24(2): 201-215.

[10] 王益民,赵志彬,王友春.高管团队知识断裂带、CEO-TMT交互与国际化范围:行为整合视角的实证研究[J].南开管理评论,2020,23(6):39-51.

[11] 奚雷,彭灿,李德强.高管团队行为整合对双元创新的影响:组织能力的中介作用和批判性反思的调节作用[J].运筹与管理,2024,33(2):233-239.

[12] 金辉,钱焱,邵俊.团队生命周期理论及其研究进展[J].科技进步与对策,2006(7):194-196.

[13] Tuckman B W. Developmental sequence in small groups[J]. Psychological Bulletin,1965,63(6):384-399.

[14] 邓靖松.虚拟团队生命周期中的信任管理研究[J].中山大学学报(社会科学版),2005(1):109-113,128.

[15] 詹一虹,苏睿.虚拟团队管理的生命周期模式分析[J].科技进步与对策,2006,(12):104-107.

[16] 井润田,王蕊,周家贵.科研团队生命周期阶段特点研究——多案例比较研究[J].科学学与科学技术管理,2011,32(4):173-179.

[17] 危怀安,胡艳辉.自主创新能力演化中的科研团队作用机理——基于SKL科研团队生命周期的视角[J].科学学研究,2012,30

(1):94-101.

[18] 曹云飞,蔡翔.基于科研团队生命周期的"个体-团队"动态功能匹配研究[J].科技进步与对策,2012(14):129-132.

[19] 陈春花,叶飞.科研团队生命周期管理的理论框架研究[J].科技管理研究,2002(3):83-86.

[20] 刘惠琴.团队异质性、规模、阶段与类型对学科团队创新绩效的影响研究[J].清华大学教育研究,2008(4):83-90.

[21] 唐桂芳,王林雪.情境领导模型在项目团队生命周期各阶段的应用[J].经营与管理,2012(6):105-107.

[22] Finkelstein S, Hambrick D C. Strategic leadership: Top executives and their effects on organizations [M]. Minneapolis: West Publishing Company,1996.

[23] 焦长勇,项保华.企业高层管理团队特性及构建研究[J].自然辩证法通讯,2003(2):57-62,111.

[24] 肖久灵.企业高层管理团队的组成特征对团队效能影响的实证研究[J].财贸研究,2006(2):112-117.

[25] 李华晶,张玉利.高管团队特征与企业创新关系的实证研究——以科技型中小企业为例[J].商业经济与管理,2006(5):9-13.

[26] 张平.高层管理团队的异质性与企业绩效的实证研究[J].管理学报,2007(4):501-508.

[27] Sforzi F. The industrial district and the 'new' Italian economic geography[J]. European Planning Studies,2002,10(4):439-447.

[28] Pan J,Qin X Z,Li Q,et al. Does hospital competition improve health care delivery in China? [J]. China Economic Review, 2015,33:179-199.

[29] 何一鸣,罗必良.产权管制、制度行为与经济绩效——来自中国农业经济体制转轨的证据(1958—2005 年)[J].中国农村经济, 2010(10):4-15.

[30]　赵微,吴诗嫚."结构—行为—绩效"框架下农地整理的管护绩效研究[J].长江流域资源与环境,2016(2):249-256.

[31]　Beckman C M,Burton M D. Founding the future:Path dependence in the evolution of top management teams from founding to IPO [J]. Organization Science,2008,19(1):3-24.

[32]　刘兵,李嫄.面向生命周期的企业 TMT 演进过程研究[J].改革与战略,2008(5):132-134.

[33]　Malý M, Velinov E. Top management team diversity and company performance:The moderating effect of organization life cycle [J]. Journal of Eastern European and Central Asian Research,2016,3(2):1-11.

[34]　Tanikawa T,Kim S,Jung Y. Top management team diversity and firm performance:Exploring a function of age[J]. Team Performance Management,2017,23(3-4):156-170.

[35]　张龙,刘洪.高管团队中垂直对人口特征差异对高管离职的影响[J].管理世界,2009(4):108-118.

[36]　黄昕,李常洪,薛艳梅.高管团队知识结构特征与企业成长性关系——基于中小企业板块上市公司的实证研究[J].经济问题,2010(2):89-94.

[37]　张进华,袁振兴.高管团队特征与企业社会资本形成的关系研究[J].财会月刊,2011(3):34-38.

[38]　Dahms S,Kingkaew S. A configurational perspective on subsidiary top management team national diversity and performance[J]. Personnel Review,2019,48(6):1507-1529.

[39]　朱晋伟,彭瑾瑾.高管团队特征对企业绩效的影响研究——基于国际化程度的调节效应[J].软科学,2017(6):81-85,95.

[40]　Beck S,Doehn C,Funk H,et al. Basic life support training using shared mental models improves team performance of first

responders on normal wards: A randomised controlled simulation trial[J]. Resuscitation, 2019, 144:33-39.

[41] Tesler R, Mohammed S, Hamilton K, et al. Mirror, mirror: Guided storytelling and team reflexivity's influence on team mental models[J]. Small Group Research, 2017, 49(3):267-305.

[42] 徐平磊, 贾迎亚, 于晓宇. 效果推理、创业团队凝聚力与新产品开发绩效[J]. 管理学报, 2020(2):251-258.

[43] Leo F M, González-Ponce I, García-Calvo T, et al. The relationship among cohesion, transactive memory systems, and collective efficacy in professional soccer teams: A multilevel structural equation analysis [J]. Group Dynamics: Theory, Research, and Practice, 2019, 23(1):44-56.

[44] Kerivel T, Bossard C, Feigean M, et al. Sharedness evolution within soccer team in training: A longitudinal study [J]. Le Travail Humain, 2021, 84(1):63-87.

[45] Duan X N, Chang Y, Huang W, et al. How does a shared cognitive schema emerge and evolve in an interdisciplinary research team: A case study of IAM [J]. Journal of Organizational Change Management, 2024, 37(2):318-339.

[46] 于晓宇, 张益铭, 陈颖颖, 等. 创始成员离职率、高管团队异质性与创业企业成长[J]. 管理科学, 2020(2):3-16.

[47] 尹航, 刘佳欣. 高管团队行为整合、外部空降 CEO 对新颖型商业模式设计的影响[J]. 管理学季刊, 2023(1):121-143, 177-178.

访谈提纲

关于企业 TMT 共享心智模型结构特征的访谈提纲：

1.企业成立的年限、经营状况如何？

2.TMT 组建时人员组成及内部分工情况如何？

3.TMT 组建后成员的变化情况及目前现状如何？

4.TMT 成员在战略目标、竞争手段、环境感知、运作规范及获取组织外部资源等方面的共识程度如何？这些方面的共识程度在 TMT 的不同发展阶段是否存在差异？

5.TMT 成员对彼此在专长分布、风格分布、角色分布及专长互补等方面的了解程度如何？这些方面的了解程度在 TMT 的不同发展阶段是否存在差异？

6.相对于竞争对手，TMT 成员对企业净利润、企业投资利润率、销售利润率、投资回报率的满意度如何？

7.相对于竞争对手，TMT 成员对企业销售增长、企业销售增长率以及市场份额的获取的满意度如何？

调查问卷

团队生命周期视角下 TMT 共享心智模型与
企业绩效机制研究调查问卷

尊敬的先生/女士:

您好! 非常感谢您百忙之中填写这份问卷。

这是一份学术研究问卷,旨在探究团队生命周期视角下 TMT 共享心智模型对企业绩效的影响机制。本次受访者提供的所有资料与数据将仅作学术研究之用。本次调查受访企业和高管人员的名称全部采用化名,并将对有可能暴露受访高管身份的访谈内容做技术处理,绝不会泄露受访者的任何隐私。问卷的回答没有对错之分,为了使本研究能获得真实的结论,希望您能够填上您的真实想法,您的答案将对本研究具有十分重要的意义。由于答题不全的问卷无法进行统计分析,请您答题时不要遗漏。

衷心感谢您的无私协助,祝您工作顺利、万事如意!

释义:

(1)高层管理团队(top management team,TMT):是指参与组织战

略决策,具有副总经理、副总裁、总工程师、总会计师、各部门总监(如人力资源总监、运营总监、财务总监、销售总监)等以上头衔的高层级管理人员。

(2)TMT共享心智模型:是指战略决策及经营管理活动中,TMT成员之间形成并共同持有的与团队任务及团队互动相关的知识结构、态度和信念。

(3)TMT行为整合:是指可以刻画TMT互动过程,并且包含合作行为、信息交换、共同决策等相互关联的过程。

(4)TMT生命周期:分为形成期、震荡期、规范期和执行期四个阶段。

一、基本资料(请根据您的情况在相应的括号里打"√")

1.您的性别:( )男 ( )女

2.您的年龄:( )25～35岁 ( )36～45岁 ( )46～55岁
( )56岁及以上

3.您的学历:( )大专以下 ( )大专 ( )本科 ( )研究生

4.您所在企业成立年限:( )1～2年 ( )2～3年 ( )3～5年
( )5年以上

5.您企业所属行业:( )制造业 ( )商贸业 ( )服务业
( )房地产业 ( )属其他行业的,请在前面括号填上行业名称

6.您入职年限:( )<1年 ( )1～2年 ( )2～3年 ( )3年
以上

7.您认为贵企业高管团队所处哪一发展阶段?(每阶段后有此阶段的典型特征描述)

( )形成期。在这一阶段团队运作完全依赖团队核心人物的指导,高管成员在团队愿景的驱动下积极向上,工作热情较大,但彼此缺乏沟通,信任程度也很低,对团队目标、任务的认识不深,团队如何协调开展

工作还比较模糊。

（　）震荡期。在这一阶段团队内部冲突加剧，人际关系变得紧张，团队成员个性彰显，团队工作热情减少，凝聚力水平较低，成员的注意力往往聚焦于如何处理不断升级的情感冲突上，团队规范还未形成，但成员之间对彼此专长、风格、角色等方面的认识有所加深。

（　）规范期。在这一阶段团队成员开始寻求建立团队规范来解决情感冲突，随着沟通的深入，成员关系变得比较融洽，相互之间表现出更多的支持、理解与包容，凝聚力逐渐增强，成员的注意力开始转向团队目标任务上，围绕目标任务的争论也逐渐增多，团队规范逐渐形成。

（　）执行期。在这一阶段团队成员对自己在团队中扮演的角色有了明确的认识，成员之间高度互信，关系非常融洽，凝聚力非常强，彼此通过已建立的规范进行沟通，情感冲突处于很低水平，成员的注意力已经转移到如何快速达成团队目标任务上，成员都主动自由而有建设性地分享观点与信息。

二、以下句子描述了 TMT 共享心智模型的一些表现和特征，请仔细阅读并就您所在高管团队的实际状况对下面的描述进行评价。请在相应的数字上打"√"，所有选项的描述没有对错之分。

①完全不符合　②不符合　③一般　④符合　⑤完全符合

B1.高管成员对团队运作规范具有共识。　　①　②　③　④　⑤

B2.高管成员对采取的竞争策略具有共识。　　①　②　③　④　⑤

B3.高管成员对获取组织外部资源支持具有共识。①　②　③　④　⑤

B4.高管成员对战略目标具有共识。　　　　①　②　③　④　⑤

B5.高管成员对外界环境感知具有共识。　　①　②　③　④　⑤

B6.高管成员彼此了解对方的家庭背景。　　①　②　③　④　⑤

B7.高管成员认为彼此具有的专业知识都是完成任务所需要的。

　　　　　　　　　　　　　　　　　　　① ② ③ ④ ⑤

B8.高管成员彼此了解对方的行事风格与个性。 ① ② ③ ④ ⑤

B9.高管成员彼此了解对方的知识结构及专长。 ① ② ③ ④ ⑤

B10.高管成员掌握相互协调的方法与技巧。 ① ② ③ ④ ⑤

B11.高管成员彼此了解对方的工作职责及内容。 ① ② ③ ④ ⑤

　　三、以下句子是关于企业高管团队行为整合的描述,请仔细阅读并就您所在高管团队的实际状况对下面的描述进行评价。请在相应的数字上打"√",所有选项的描述没有对错之分。

| ①非常不符合　②有些不符合　③不能确定　④有些符合　⑤非常符合 |

C1.在面临复杂及时间要求高的任务时,高管成员乐意相互帮助。

　　　　　　　　　　　　　　　　　① ② ③ ④ ⑤

C2.高管成员都愿意为团队工作的顺利进行而调整自己的职责范围。

　　　　　　　　　　　　　　　　　① ② ③ ④ ⑤

C3.当高管成员忙时,其他成员会主动帮助他分担工作任务。

　　　　　　　　　　　　　　　　　① ② ③ ④ ⑤

C4.高管成员之间交流能够产生解决问题的高效方案。

　　　　　　　　　　　　　　　　　① ② ③ ④ ⑤

C5.高管成员之间交流能够产生高水平的创造力和创新精神。

　　　　　　　　　　　　　　　　　① ② ③ ④ ⑤

C6.高管成员之间交流能够产生有价值的想法和理念。

　　　　　　　　　　　　　　　　　① ② ③ ④ ⑤

C7.高管团队内部鼓励成员提出不同意见与看法。

　　　　　　　　　　　　　　　　　① ② ③ ④ ⑤

C8.高管成员的不同意见都能得到认真对待。 ① ② ③ ④ ⑤

C9.高管成员之间经常商讨彼此的期望和需要。 ① ② ③ ④ ⑤

四、以下句子是关于企业绩效的描述,请仔细阅读并就您所在高管团队的实际状况对下面的描述进行评价。请在相应的数字上打"√",所有选项的描述没有对错之分。

①非常不满意　②比较不满意　③一般　④比较满意　⑤非常满意

D1. 相对于竞争对手,对企业销售增长的满意度。　①　②　③　④　⑤

D2. 相对于竞争对手,对企业销售增长率的满意度。
　　　　　　　　　　　　　　①　②　③　④　⑤

D3. 相对于竞争对手,对企业市场份额的获取的满意度。
　　　　　　　　　　　　　　①　②　③　④　⑤

D4. 相对于竞争对手,对企业投资回报的满意度。①　②　③　④　⑤

D5. 相对于竞争对手,对企业净利润的满意度。　①　②　③　④　⑤

D6. 相对于竞争对手,对企业投资利润率的满意度。
　　　　　　　　　　　　　　①　②　③　④　⑤

D7. 相对于竞争对手,对销售利润率的满意度。　①　②　③　④　⑤

　　本问卷至此结束,请您仔细检查是否有漏填之处,再次感谢您热诚的协助!